Doreen Virtue
Amy Oscar

Wie Schutzengel helfen

Doreen Virtue

Amy Oscar

Wie Schutzengel helfen

Aus dem Englischen von Edigna Hackelsberger

KOHA

ANGEL THERAPY®

Titel der amerikanischen Originalausgabe
»My Guardian Angel«

Original English Language Publication 2007 by
Hay House, Inc. California, USA
 – 2. Auflage: 2010

Lektorat: Birgit-Inga Weber
Umschlag: Lisa Sprissler
Umschlagfoto: © Bridgeman Art Library
Gesamtherstellung: Karin Schnellbach
Druck: CPI, Moravia Books

ISBN 978-86728-042-6

Inhalt

Für Gott und die Engel
Doreen Virtue

Für Matthew, der mir immer wieder Mut macht,
mich zum Lachen bringt
und mir seine unerschütterliche Liebe schenkt.
Für Katie, deren sonniges Gemüt die Welt erhellt.
Für Max, weil er so klug und warmherzig ist
und mich gelehrt hat, wie sich wahre Liebe anfühlt.
Amy Oscar

Einführung von Doreen Virtue

Glaubst du an Engel? Wenn du so bist wie ich, dann tust du es. Laut Meinungsumfragen glaubt die große Mehrheit der Menschen (75 bis 90 Prozent, je nach Befragung) an die Existenz von Engeln. In meinem Psychologiestudium lernte ich, dass Experten für seelische Gesundheit das als »normal« einstufen, was die Mehrheit der Menschen tut. Nach dieser Definition ist es also ganz normal, an Engel zu glauben!

Ich wuchs in einer gläubigen christlichen Familie auf, in der man an Weihnachten über Engel sprach, ihnen im Alltagsleben jedoch keine Bedeutung beimaß. Und dennoch konnte ich – wie viele Kinder – jene göttlichen Boten, die uns alle umgeben, sehen und hören. Ich fand bald heraus, dass jeder Mensch – ganz gleich, welcher Religion er angehört oder wie er sich verhält –, Engel an seiner Seite hat, die ihn das ganze Leben hindurch begleiten und führen, schützen und lieben. Und ich machte auch diese Erfahrung: Obgleich uns allen die Engel zur Seite stehen, hören viele Menschen nicht auf ihren Rat.

Ich lernte außerdem, dass Gott uns einen freien Willen gegeben hat. Es steht uns also frei, Freude, Gesundheit, ja sogar Leid zu wählen. Gott und die Engel können uns diese Freiheit nicht nehmen; doch sie sind in der Lage, uns Alternativen anzubieten, die uns zu einer glücklicheren und gesünderen Lebensführung verhelfen. Diese Vorschläge erreichen uns in Form von göttlicher Führung, die wir als intuitive Gefühle, Gedanken, Visionen und sogar als innere Stimmen wahrnehmen. Wenn wir diesen inneren Ratgebern folgen, wendet sich alles in unserem Leben zum Besseren.

Doch aufgrund unseres freien Willens müssen wir Gott und die Engel um Hilfe bitten, bevor sie in unser Leben eingreifen können. Es spielt keine Rolle, *wie* wir um ihre Hilfe ersuchen, ob durch ein Gebet, durch Flehen, Beteuerung unseres Vertrauens in sie, in einem Brief, einem Lied, durch eine Forderung oder sogar durch bloßes Aussprechen unserer Sorgen und Nöte. Es kommt allein darauf an, *dass* wir um Beistand bitten.

Was also *sind* Engel? Zunächst einmal sind sie himmlische Geistwesen, erschaffen von demselben Schöpfer, der auch dich und mich erschaffen hat. Sie sind – vergleichbar mit unseren irdischen Postboten – die Boten Gottes, die Himmel und Erde miteinander verbinden. Auch jetzt in diesem Augenblick stehen dir Schutzengel zur Seite, die tief in dein Inneres Einblick nehmen und deine wahre innere Schönheit und Göttlichkeit erkennen. Sie lieben dich bedingungslos!

Abgesehen von deinen Schutzengeln wachen auch deine verstorbenen liebenden Angehörigen über dich. Obgleich Menschen im eigentlichen Sinne keine Engel sind (sie haben ein menschliches Ego und sind daher nicht unfehlbar), können sie im Einvernehmen mit ihnen handeln. Viele der Geschichten, die du in diesem Buch lesen wirst, stammen von Menschen, die Botschaften der Liebe von ihren Freunden und Familienmitgliedern im Himmel erhalten haben.

Seit mir die Engel bei einem bewaffneten Überfall auf mein Auto im Jahr 1995 das Leben gerettet haben, habe ich Workshops gegeben und Bücher und Artikel darüber geschrieben, dass es wirklich Engel gibt und dass sie im Grunde viel öfter mit uns in Kontakt treten möchten. Daher war ich ganz begeistert, als die Redaktion der Zeitschrift *Woman's World* bei mir anfragte, ob ich zusammen mit Amy Oscar eine wöchentliche Kolumne mit einer wahren Geschichte über Begegnungen von Menschen mit Engeln betreuen könnte.

Seither stellt das Schreiben der Kolumne »Mein Schutzengel« jede Woche ein Highlight in meinem Alltag und eine ganz besondere Freude dar. Sehr viele Schutzengelgeschichten aus *Woman's World* haben mich so tief berührt und inspiriert, dass ich beim Verlag Hay House anfragte, ob sie die gesammelten Artikel in Buchform herausbringen würden.

Ich bin fest davon überzeugt, wir alle hatten schon Begegnungen mit unseren Schutzengeln, aber vielleicht haben wir sie nicht als solche gedeutet. Erlebnisse mit Engeln können auf ganz unterschiedliche Weise erfolgen: Das wirst du in den wahren Geschichten dieses Buches erfahren.

In Liebe
Doreen

Vorwort von Amy Oscar

Ich wusste, dass es eine besonders inspirierende, interessante und ungewöhnliche Aufgabe für mich würde, zusammen mit Doreen Virtue eine wöchentliche Zeitschriftenkolumne herauszubringen. Dennoch spürte ich erst nachdem unsere Kolumne gestrichen wurde, wie deutlich sich seither die wahre Kraft und Hilfe der Engel in meinem Leben anfühlt und auch zeigt.

Bei Zeitschriften wird stets ein paar Monate im Voraus gearbeitet, daher hatten wir bereits etwa zehn Engelgeschichten fertig vorliegen, als die erste Ausgabe mit unserer Kolumne an die Kioske ausgeliefert wurde. In der Zwischenzeit war das Konzept für ihre Gestaltung mittels einer Focus-Gruppe getestet worden – und durchgefallen! –, sodass die Redaktionsleitung beschlossen hatte, das ganze Projekt im Anschluss an jene zehn Wochen einfach aufzugeben. *Sei's drum,* dachte ich mir. *So läuft es eben im Zeitschriften-Business.*

Doch die Engel – und unsere Leserinnen und Leser – waren anderer Meinung: Eine Woche nach Erscheinen der ersten Kolumne reichte mir eine Redaktionsassistentin fünfzehn Briefe, die »An die Engel« adressiert waren.

Eigentlich wäre es meine Aufgabe gewesen, diese Briefe mit einer höflichen Erklärung zu beantworten: »Vielen Dank für Ihr Interesse, aber die Kolumne wurde mittlerweile eingestellt.« Dennoch konnte ich mir nicht verkneifen, ein paar der Briefe zu lesen. Ich hatte eigentlich erwartet, darin Kommentare zur Kolumne zu lesen – *Finde sie toll, finde sie entsetzlich, eines von beidem* –, daher war ich vollkommen überrascht, in jedem einzelnen Umschlag eine tief beeindruckende Geschichte über das Eingreifen göttlicher Kräfte in unserem Leben vorzufinden: *Die Engel haben mir das Leben gerettet ... Die Engel schenkten mir Trost ... Die Engel zeigten mir, wie ich weitermachen sollte.*

Obgleich es sonst gar nicht meine Art ist, den Anweisungen meiner Vorgesetzten zuwiderzuhandeln, hielt mich *irgendetwas* davon ab, diese Briefe zurückzuschicken. Ich legte sie stattdessen in ein Ablagekörbchen auf meinem Schreibtisch. Einen Monat später ging ich ins Zimmer meiner Chefredakteurin – mit drei dicken Stapeln von Briefen voller wundersamer Geschichten!

Nach einem weiteren Monat begannen wir dann mit unserer nach einem neuen Konzept gestalteten Kolumne »Mein Schutzengel«. In der ersten Woche ihres Erscheinens entdeckte unsere Chefredakteurin, Stephanie Saible, eine große weiße Feder unter ihrem Schreibtisch. (Und ich fand eine ebensolche auf meiner Computertastatur.) Die Engel hatten uns also zum Dank einen Gruß hinterlassen.

Schon bei früheren Gelegenheiten hatte ich in meinem Leben die Existenz des Göttlichen verspürt, zum Beispiel in Form von Ahnungen, Intuitionen oder besonderen Zeichen. Einmal war ich sogar von einem geheimnisvollen Fremden gerettet worden, als mir – vielmehr meinem Auto – mitten auf der Throgs-Neck-Brücke das Benzin ausging. Dennoch hatte ich Engel stets für imaginäre Wesen gehalten, die irgendwo da oben im Himmel weilen und nur in mystischen Texten vorkommen oder als Thema von esoterischen Workshops auftauchen. Die Briefe und die Geschichten unserer Leserinnen und Leser zeigten mir jedoch, wie weit verbreitet und »irdisch« die Anwesenheit der Engel in unserem Leben tatsächlich ist.

Sie schienen überall präsent zu sein – als Lebensretter im Straßenverkehr und zu Hause, als Tröster an Unfallorten und in Krankenhäusern oder als Überbringer von deutlichen Warnungen; sie brachten Kinder gerade noch rechtzeitig aus der Gefahrenzone, sandten Zeichen oder tauchten in Träumen auf. Aus allen Briefen unserer Leserinnen und Leser konnte man den Tenor herauslesen, der die Botschaft der Engel unterstrich: »Wir sind bei euch an jedem Ort, zu jeder Zeit.«

Nach fast vier Jahren ist die Kolumne »Mein Schutzengel« noch immer eine der beliebtesten Seiten von *Woman's World* – und dieser warmherzige und spielerische tägliche Umgang mit den Engeln hat mein Leben verwandelt. Wenn du die Engel darum bittest, dann bin ich mir ganz sicher, dass sie auch dein Leben verwandeln werden.

Neulich fragte mich Doreen: »Wie ist es eigentlich, wenn du bei den Menschen, die uns die Briefe geschrieben haben, anrufst, um ihnen mitzuteilen, dass ihre Geschichte zum Abdruck für die Kolumne ausgewählt wurde?« Und sie meinte, dass dich die Antwort vielleicht auch interessieren würde.

Nun, es ist folgendermaßen: Ich lese jeden einzelnen Brief und schicke diejenigen mit einem Dankschreiben zurück, die wir für unsere Kolumne einfach nicht verwenden können. (Wir sind aber aufrichtig dankbar für *jede* Geschichte, die wir zugeschickt bekommen – und auch die Engel sind dankbar dafür!) Die übrigen Briefe archiviere ich unter bestimmten Kategorien: *Engel im Straßenverkehr, Geheimnisvolle Fremde, Stimmen, Träume, Wundersame Rettung aus Gefahr usw.*

Jede Woche wähle ich aus meiner Sammlung zwei inhaltlich verwandte Geschichten. Ich rufe die Autorinnen oder Autoren an und stelle ein paar Fragen zur ihrer Person. Diesen Teil meiner Arbeit liebe ich besonders. Ich mache mir eine Tasse

Tee und stelle eine Schachtel Papiertaschentücher in Reichweite, denn ich weiß, wie bewegend diese Gespräche sein können. Wenn ich anrufe, herrscht immer sehr große Freude (obwohl manchmal während des Gesprächs auch Tränen fließen), und ich habe das Gefühl, als würde ich diesen Menschen das schönste Geschenk ihres Lebens bereiten. Wenn jemand einen lieben Angehörigen verloren hat, ist mir sehr wohl bewusst, dass mein Anruf vielleicht den Schmerz wieder wachruft; aber das Gespräch scheint auch Trost zu spenden. Und ich finde es mittlerweile gar nicht mehr merkwürdig (sondern werde es einfach als weiteres kleines Wunder ansehen), wie oft ich »zufällig« an einem besonderen Jahrestag oder Geburtstag anrufe – oder kurze Zeit, nachdem jemand, der seine Geschichte einsandte, um ein Zeichen bat.

Nach diesem Telefonat gestalte ich die Geschichten im Stil von *Woman's World* und sende sie per E-Mail an Doreen. Sie schickt mir dazu ihre Kommentare zurück. Anschließend ist es für mich eine echte Herausforderung, ihren Text so zu kürzen, dass die Schönheit oder die Essenz ihrer Botschaft vollständig erhalten bleibt. Als Nächstes wird der Text von einer der Redakteurinnen, Naomi Kenan oder Andrea Florczak, gelesen, und diese geben ihn zum »Absegnen« an Stephanie weiter. Der Kolumnentext wird dann ins Layout eingepasst, redigiert und Korrektur gelesen – und Shannon Weaver, unsere Bildredakteurin (die selbst ein Engel ist!), ruft jede Einsenderin oder jeden Einsender an und bittet um ein Foto. Zu guter Letzt erinnert mich unsere Redaktionsassistentin, Debbie Jackson, noch einmal ausdrücklich daran, die jeweilige Adresse samt Zahlungsanweisung an die Buchhaltung weiterzuleiten, damit das Honorar für die Geschichte auch wirklich gleich bezahlt wird.

Einen oder zwei Monate später gelangt die Geschichte in unserem Heft an den Zeitungsstand und damit zu den Leserinnen und Lesern. Im Namen von uns allen bei *Woman's World* danke ich ihnen für die Treue und Begeisterung, mit der sie die Schutzengel-Kolumne – und unsere Zeitschrift – lesen.

Mögen uns die Engel stets schützen und begleiten.
Amy

I

Engel beherbergen, ohne es zu ahnen

Vergesst die Gastfreundschaft nicht; denn durch sie haben einige, ohne es zu ahnen, Engel beherbergt.

Apostel Paulus (Hebräer 13,2)

Das beliebte Bibelzitat bezeugt, dass Engel gelegentlich menschliche Gestalt annehmen. Unsere Schutzengel sind im Geist stets bei uns, und sie gewähren uns immer ihre Hilfe in der für jede Situation bestmöglichen Form.

Wenn du in einer extremen Notlage bist, dann bist du vielleicht gar nicht in der Lage, die göttliche Führung auch zu erkennen. In einem solchen Moment nehmen die Engel menschliche Gestalt an, um sicherzustellen, dass du ihre Botschaften hörst. Bleibt dein Auto beispielsweise im Schnee stecken, kann es sein, dass sie mit einer Schaufel oder einem Snowmobil vorbeikommen und dir aus der Bredouille helfen. Was auch immer vonnöten ist, deine Schutzengel sind für dich da.

Diese himmlischen Boten können wie du und ich aussehen, und du merkst es vielleicht nicht einmal, dass du einem Engel begegnet bist. Dennoch finden sich ein paar auffällige Gemeinsamkeiten in all den Hunderten von Geschichten, in denen hilfreiche Fremde auftauchen, die in Wahrheit Engel sind:

Engel sind umgeben von einer Aura der Ruhe und des Friedens, und diese Aura wirkt beruhigend auf die betroffene Person.

Die Engel kommen aus dem Nichts – zum Beispiel tauchen sie plötzlich ohne Fahrzeug auf einer Straße auf, gerade dort, wo Hilfe benötigt wird.

Ein weiteres wichtiges Erkennungsmerkmal besteht darin, dass der Engel schon wieder verschwunden ist, bevor die Person Gelegenheit bekommt, sich zu bedanken.

In wahrhaft engelhafter Weise scheinen diese himmlischen Wesen auf Zeichen der Dankbarkeit keinen Wert zu legen. Sie achten nur darauf, ob sie ihre Aufgabe erledigt haben. Und dies tun sie auf wundersame Weise, wie du in den folgenden Geschichten nachlesen kannst.

Ein Engel, der meine Hand hält

In unserer dunkelsten Stunde kommen die Engel ganz dicht an unsere Seite und spenden Trost, wie Melissa Heye aus Albuquerque berichtet:

Mein Engel im Himmel verwandelte einen traurigen Anlass in eine tröstliche Erfahrung. Als ich den Anruf erhielt, mein Bruder Brian liege im Koma und werde vielleicht nicht überleben, raste ich zum Flughafen und nahm den nächsten Flug zu ihm. Man kann sich leicht vorstellen, dass ich völlig aufgelöst und am Boden zerstört war. Als ich ins Flugzeug stieg, kam eine Stewardess auf mich zu und erkundigte sich besorgt: »Alles in Ordnung bei Ihnen?«

»Nein«, gab ich zu und schilderte ihr meine Lage.

Sie führte mich zu meinem Platz und brachte mir ein Glas Wasser. Nach dem Start fragte sie meinen Sitznachbarn, ob es ihm etwas ausmache, den letzten freien Platz in der ersten Klasse einzunehmen, damit sie sich neben mich setzen könne. Sie hatte wunderschön zart schimmerndes rotes Haar. Und sie blieb fast den ganzen Flug über neben mir sitzen und tröstete mich. Hin und wieder stand sie auf, um anderen Passagieren zu helfen. *Wie hätte ich das alles nur ohne sie geschafft?*, fragte ich mich.

Zwei Tage später starb mein Bruder und nach der Beerdigung schleppte ich mich erschöpft wieder auf den Flughafen, um den Rückflug anzutreten. Ich war sehr verzweifelt; eine Panikattacke drohte mich zu überwältigen. Als wir nach dem

Start unsere Reiseflughöhe erreicht hatten, war ich kurz vor einem Zusammenbruch, doch in diesem Moment hob sich der Vorhang zwischen der ersten und der zweiten Klasse ... und da war sie wieder, meine Freundin, die nette Flugbegleiterin!

Eine Woge der Erleichterung breitete sich in mir aus, als sie den Mittelgang herunterkam und mich freundlich bat, in die erste Klasse mitzukommen, wo sie arbeitete. Und wieder saß sie während des ganzen Flugs neben mir, und ihre Anwesenheit tröstete mich enorm.

Bevor wir uns verabschiedeten, fragte ich sie nach ihrer Adresse, damit ich ihr später ein Dankeskärtchen schicken könnte. Als ich heimkam, setzte ich mein Vorhaben sofort in die Tat um und schrieb: »Sie müssen ein Engel sein.« Doch meine Karte kam zurück – mit dem Vermerk »Adresse unbekannt«. Zunächst war ich gekränkt. Doch dann erhellte ein Lächeln mein Gesicht und ich empfand eine tiefe Freude, denn ich verstand: *Sie war tatsächlich ein Engel!*

Zweifellos! Denn Engel können menschliche Gestalt annehmen, um uns in Krisenzeiten beizustehen. Und als Melissas Kummer sie zu überwältigen drohte, sandte ihr der Himmel eine einfühlsame rothaarige Helferin, um sie zu trösten und zu heilen.

Diese Wesen, die genauso aussehen wie wir, nennt man *inkarnierte Engel.* Sie erscheinen oftmals in extrem belastenden, beängstigenden Situationen. Sie bleiben bei uns und spenden uns voller Sanftmut Trost, bis sie nach erfüllter Mission wieder spurlos verschwinden. Erst dann erkennen wir, dass uns das Göttliche berührt hat.

Die Engel sagen: »Je größer eure Angst, desto stärker wird unsere Präsenz. In den Momenten eurer schlimmsten Angst erscheinen wir euch in irdischer, materialisierter Gestalt, um euch raschen Trost und sofortige Hilfe zu bringen. Obgleich wir ständig bei euch sind, wissen wir, dass es Augenblicke gibt, in denen es für euch besonders wichtig ist, unsere Liebe konkret zu spüren und unsere Stimme zu hören.«

Rufe deine Engel um Hilfe an,
sobald du dich ängstigst und dich allein fühlst.

Eine Engelsdame

Hattest du jemals eine Begegnung mit einem rettenden Engel? Diane Richard aus Boynton Beach in Florida kann von einer solchen Erscheinung berichten – obgleich sie damals nicht wusste, dass es sich um einen Engel handelte:

Ich war im sechsten Monat schwanger und fuhr im Auto mit meinen beiden Söhnen – dem sechsjährigen Tyler und dem dreijährigen Kyle –, als ein anderer Autofahrer eine rote Ampel ignorierte und mit seinem Fahrzeug in die Beifahrerseite unseres Geländewagens krachte. Ich schrie auf und streckte instinktiv die Hand nach meinen beiden Jungen aus, aber ich wurde zurückgeschleudert und mein Arm stieß mitten durch die Fensterscheibe an der Fahrerseite.

Ich wurde ohnmächtig und erwachte erst wieder, als das Auto auf seine vier Räder zurückfiel und stehen blieb. Sogleich öffnete sich die Beifahrertür, und eine Frau in einem lilafarbenen Arztkittel setzte sich neben mich. »Bleiben Sie ganz ruhig sitzen«, sagte sie in tröstendem Ton. »Sie haben eine Verletzung an der Wirbelsäule. Den Jungen und Ihrem Baby ist nichts passiert. Alles wird gut; Sie werden wieder ganz gesund.«

Aus meinem Sweatshirt machte sie einen Druckverband für die stark blutende Wunde an meinem Arm. Dann öffnete sie die hintere Tür, setzte sich auf den Rücksitz und beruhigte die Jungen. Anschließend rief sie mit meinem Handy meinen Mann und meine Mutter an.

Gerade als sie das Telefongespräch beendet hatte, traf die

Feuerwehr ein. »Wir kriegen euch alle aus dem Wagen«, versprach einer der Helfer. »Dann rufen wir Ihren Mann an.«

»Die Dame hat ihn gerade verständigt«, sagte ich.

»Was für eine Dame?«, fragte er.

Als sie mich auf eine Bahre geschnallt hatten, erklärte mir der Sanitäter, Zeugen hätten ausgesagt, es sei keine Frau am Unfallort gewesen. »Das müssen Sie sich eingebildet haben«, meinte er.

»Und wer hat dann das gemacht?«, fragte ich und hob meinen verbundenen Arm hoch.

»Und wer hat uns angerufen?«, fragten sich auch meine Mutter und mein Mann, als sie eintrafen.

»Die Frau«, sagte Tyler. Er hatte sie also auch gesehen!

Als ich schließlich das Autowrack betrachtete, hielt ich den Atem an: Kein Mensch hätte einfach so die hintere Tür aufbekommen. Infolge des Zusammenpralls war die ganze Karosserie vollkommen ineinander verkeilt. Uns hatte ein Engel beigestanden – und wie es mir die freundliche Dame prophezeit hatte: Uns allen ging es gut!

Diane und ihre Kinder brauchten sofortige Hilfe, also nahm ihr Schutzengel menschliche Gestalt an. Diane stellte nicht infrage, wie die Frau es schaffen konnte, die verkeilte Wagentür zu öffnen, oder woher sie wusste, dass Dianes Wirbelsäule verletzt war. Für sie war die Frau ein Geschenk des Himmels ... Sie ahnte ja nicht, wie recht sie damit hatte! Das plötzliche Erscheinen von Dianes Retterin, ihr spurloses Verschwinden und auch ihre beruhigende Prophezeiung, dass es allen gut gehen werde, sind Hinweise darauf, dass es sich um einen Engel handelte. Der lilafarbene Arztkittel hingegen ist nicht so leicht zu deuten. Aber Lila ist eine typisch spirituelle

Farbe und der Arztkittel ein Symbol für alle heilenden Berufe.

Die Engel sagen: »Wenn ihr in einer Notlage seid und Hilfe braucht, dann sind wir schon da, noch bevor etwas passiert ist. Und es ist uns eine heilige Ehre, in jeder Hinsicht auf euch achtzugeben.«

Wenn du glaubst, einem Engel begegnet zu sein,
dann trifft deine Vermutung wahrscheinlich zu.

Unerwarteter Retter

Wie sehen Engel aus? Nicht immer tragen sie weiße Gewänder; manchmal erscheinen sie sogar in altmodischer Kleidung oder gar in den zerlumpten Klamotten eines Penners, wie das Erlebnis von Brandy Sickles aus Richford in Vermont zeigt:

Ich war 22 und schwanger, als mein Mann mich verließ. Und eines Tages, als ich bei meiner Mutter im Auto saß, sah ich auf meinen dicken Babybauch hinunter und wurde von einer Woge der Traurigkeit überwältigt. *Keiner kümmert sich um mein Baby oder um mich,* dachte ich schluchzend.

Wir hatten bei einem Stoppschild angehalten, und als ich den Kopf wieder hob und aufblickte, entdeckte ich direkt vor meiner Nase einen Blumenstrauß, den ein – wie ein Obdachloser wirkender – Mann durch das geöffnete Seitenfenster zu mir hereinstreckte. »Gott liebt dich«, sagte er lächelnd. »Es wird alles wieder gut.«

»Oh, vielen Dank«, stotterte ich, während er wieder vom Wagen zurücktrat. Wie von Zauberhand hob sich auf einmal die lastende Traurigkeit von meinen Schultern. Und irgendwie wusste ich plötzlich, dass es stimmte, was er gesagt hatte: Alles würde gut werden …

Heute, da ich wieder mit einem wunderbaren Mann verheiratet bin und meine große Tochter und unseren kleinen Sohn großziehe, kann ich das nur bestätigen!

Es sieht den Engeln sehr ähnlich, dass sie einen Boten senden, der wie ein Berber gekleidet ist, um Brandy mitzuteilen, dass sie nicht allein ist. Durch seine zerlumpte Gestalt sollte er sie an all das erinnern, was sie in ihrem Leben noch immer hatte.

Die Engel schicken ihren Trost oftmals durch ungewöhnliche Boten: Tiere, Zeichen und manchmal auch durch großväterlich wirkende Herren, wie Carol Cooley aus Sullivan in Indiana schreibt:

Ich arbeitete als Kassiererin in einem Restaurant, als ich erfuhr, dass ich Brustkrebs hatte. Als unverheiratete Frau ohne Familie, die mich unterstützte, fühlte ich mich überaus verletzlich und allein, und ich wusste nicht, an wen ich mich wenden sollte. Dann, ein paar Tage vor meiner Operation, kam ein netter älterer Herr an meine Kasse. Mit seinem altmodischen Anzug und Hut sah er aus wie jemand aus den 1940er-Jahren. Obwohl eine andere Kassiererin ihn zu sich herüberwinkte, nickte er in meine Richtung und sagte: »Nein, vielen Dank. Ich warte, bis ich bei ihr drankomme.« Doch als er vor mir stand, reichte er mir nicht den Beleg, sondern fragte mich: »Glauben Sie an Engel?«

»Nun ja«, erwiderte ich. »Ich weiß, in der Bibel steht so etwas, dass man manchmal, ohne es zu ahnen, Engel beherbergt.«

Er nickte, lächelte und beugte sich zu mir. »Du bist nicht allein«, sagte er. »Wir sind alle in deiner Nähe, um dir zu helfen ...«

Wie bitte?, dachte ich insgeheim und warf einen Blick nach rechts und links, ob noch jemand außer mir zufällig diese eigenartigen Bemerkungen gehört hatte. Als ich mich ihm wieder zuwenden wollte, war der alte Herr auf einmal nicht mehr da. »Wohin ist er verschwunden?«, fragte ich die andere Kassiererin, die genauso verblüfft dreinblickte wie ich. Und obgleich wir nach allen Richtungen Ausschau hielten, blieb er wie vom Erdboden verschluckt.

Nach seinem Besuch hatte ich das Gefühl, dass sich all meine Befürchtungen und Sorgen scheinbar in Luft aufgelöst hatten. Und ein paar Tage später, nach einer kleinen Operation, teilte mir mein Arzt die gute Nachricht mit: Es bestehe keine Notwendigkeit für eine Entfernung der Brust, und auch eine Chemotherapie sei nicht erforderlich. Es sei so weit alles in Ordnung!

Carols Engel in seiner ungewöhnlichen Verkleidung weckte in ihr den Glauben daran, dass sie gesund werden würde. Und sein Erscheinen trug dadurch zur Heilung ihrer Krebserkrankung bei.

Die Engel sagen: »Wenn ihr Angst habt, dann passiert es leicht, dass ihr unsere Botschaften der Liebe überhört. In diesem Fall senden wir einen himmlischen Boten in die irdische Wirklichkeit, um euch unsere Worte zu übermitteln.«

Sagt dir ein Fremder aus heiterem Himmel tröstende Worte, so handelt es sich dabei mit hoher Wahrscheinlichkeit um eine himmlische Botschaft.

Ein Engel auf der Landstraße

Die Engel werden immer eine Möglichkeit finden, um auf Hilferufe zu reagieren, so wie Joyce Benedict aus Hyde Park, New York, uns berichtet:

Eines Abends hatte ich eine Freundin besucht und dabei völlig die Zeit vergessen: »Es ist ja schon Viertel nach zwei!«, stellte ich fest. »Ich muss schleunigst nach Hause.« Doch als ich dann auf der Landstraße war, packte mich die Nervosität und ich dachte ängstlich, dass es wohl keine so gute Idee gewesen war, so spät in der Nacht noch loszufahren. Und dann, wie um meine schlimmsten Befürchtungen wahr zu machen, gingen vor einem Streckenabschnitt durch eine einsame und verlassene Gegend plötzlich die Scheinwerfer aus.

»Oh nein!«, schrie ich entsetzt auf und fingerte panisch an den Knöpfen auf dem Armaturenbrett herum. Doch die Scheinwerfer gingen nicht wieder an. Langsam fuhr ich an den Straßenrand. *Was soll ich nur tun?*, zerbrach ich mir den Kopf. *Ist es nicht zu gefährlich, bis zum nächsten Telefon zu gehen? Oder muss ich jetzt etwa die ganze Nacht im Auto sitzen bleiben?*

Auf einmal hörte ich, wie jemand ans Fenster meines Wagens klopfte. Ich schreckte hoch und erstarrte, als ein junger Mann durch die Scheibe hereinsah. *Wo kommt er nur auf einmal her?*, durchfuhr es meine Gedanken. Mein Herz schlug heftig, denn ich hatte keinen Wagen heranfahren sehen. *Und wer geht so spät in der Nacht noch auf der Landstraße spazieren?*

»Ihre Scheinwerfer sind ausgegangen«, sagte der Mann. »Ich kann sie reparieren, wenn Sie die Motorhaube aufmachen.«

»Äh ... klar«, stotterte ich und zog an dem Entriegelungsgriff. Der Fremde hob die Motorhaube hoch, und drei Sekunden später gingen beide Scheinwerfer wieder an! Verblüfft und dankbar griff ich nach meinem Portemonnaie, um ihm etwas Geld anzubieten. Doch als ich wieder aus dem Fenster sah, war er verschwunden.

Inzwischen sind mehrere Jahre vergangen, und ich habe viele Automechaniker gefragt, was jemand getan haben könnte, um meine Autoscheinwerfer auf Anhieb wieder funktionstüchtig zu machen. Keine ihrer Antworten erklärte, was jener Fremde so schnell repariert haben könnte. Mittlerweile bin ich fest davon überzeugt, dass der Mann, der just in dem Moment herbeikam, als ich seine Hilfe so dringend brauchte, ein Engel war.

Joyce befand sich auf der Landstraße in der Dunkelheit ohne funktionierende Scheinwerfer durchaus in einer gefährlichen Situation. Sie brauchte das göttliche Eingreifen, um nach Hause zu gelangen. Daher nahm ein Engel menschliche Gestalt an, um sicherzustellen, dass ihr diese Hilfe auch zuteil wurde.

Die Engel sagen: »Zögert nie, uns um Hilfe zu bitten! Öffnet euch für alle Möglichkeiten, damit ihr jede Hilfe, die wir euch bringen, auch tatsächlich wahrnehmen könnt.«

Wenn ein geheimnisvoller Fremder in Wirklichkeit ein Engel ist, verspürst du in seiner Gegenwart ein unerklärliches Gefühl der Ruhe und des Friedens.

Ein Engel am Flughafen

Am Flughafen gestrandet? Oft helfen uns Engel über den Stress der Reise hinweg – oder sie helfen uns sogar dabei, nach Hause zu kommen, wie sich Anne M. Rogers aus Oak Ridge North in Texas erinnert:

Vor einigen Jahren, nach der Feier zum 90. Geburtstag meiner Großmutter, flogen meine zweijährige Tochter Kristen und ich von Buffalo im Staat New York um 6.30 Uhr in der Früh nach Hause. »Wir müssen in Newark umsteigen«, erklärte ich meiner kleinen Tochter. Doch als wir dort ankamen, wurden wir auf die Warteliste für den nächsten Flug gesetzt. Es war Ferienzeit, also gab es an diesem Tag noch 14 weitere Flüge nach Houston; insofern war ich mir ganz sicher, dass wir unsere Reise bald fortsetzen könnten. Doch um 20.30 Uhr hatte ich schließlich unsere letzten 10 Dollar ausgegeben, um für Kristen etwas zu essen zu kaufen, und nun gab es an diesem Tag nur noch einen einzigen Flug nach Houston!

Völlig verzweifelt und den Tränen nahe betete ich inständig: *Lieber Gott, ich will die Nacht nicht auf dem Flughafen verbringen. Bitte hilf, dass wir heute Abend noch nach Hause kommen!*

Plötzlich näherte sich unserem Gate ein freundlich aussehender Mann in Uniform. »Wie stehen meine Chancen, für diesen Flug noch einen Platz zu bekommen?«, fragte ich ihn.

»Nicht sehr gut«, erwiderte er, nachdem er die Stand-by-Warteliste überprüft hatte. »Sie stehen an zweiundfünfzigster Stelle.« Er muss meine Verzweiflung gespürt haben, denn er begann etwas in die Computertastatur einzutippen. Und einen Augenblick später raunte er mir zu: »Ich habe Sie unter einem anderen Namen in der Liste weiter nach oben gesetzt. Wenn ›Smith‹ aufgerufen wird, dann gehen Sie einfach an Bord.«

Und tatsächlich, »Smith« wurde aufgerufen und Kristen und ich bestiegen eilig das Flugzeug. Da ich dem Mann danken wollte, bat ich später meinen Bruder, der bei dieser Fluglinie arbeitete, herauszufinden, wie er hieß. Aber mein Bruder meinte: »Das ist merkwürdig. Für diesen Dienst war kein männlicher Angestellter an eurem Gate eingeteilt.«

Doch die Geschichte geht noch weiter! Ein paar Jahre später machten wir wieder einmal einen Besuch in Buffalo, und unser Rückflug hatte Verspätung. Als wir in Newark ankamen, blieben uns weniger als zehn Minuten, um unseren Anschlussflug zu erreichen. Während wir durch den Flughafen rannten, betete ich die ganze Zeit inständig: *Lass uns diesen Flug nicht verpassen!* Doch als wir ans Gate gelangten, war die Bordtür bereits geschlossen. *Oh nein!,* stöhnte ich innerlich und brach in Tränen aus.

Da tauchte hinter der Mauer beim Gate derselbe Mann auf: unser Held! »Wir haben das Flugzeug für Sie aufgehalten«, sagte er lächelnd. Vollkommen verblüfft und außer Atem keuchte ich: »Vielen Dank! Aber sagen Sie mir doch bitte, wie Sie heißen.« Noch bevor er antworten konnte, wurden wir rasch durch das Gate geschoben.

Als ich mich umdrehte, war unser Helfer verschwunden. Und plötzlich wusste ich, dass unser Held in der Uniform der Fluglinie in Wirklichkeit ein Engel gewesen war.

Dadurch, dass sie um Hilfe gebeten hatte, wurde Anne augenblicklich göttliche Hilfe zuteil. Ihr Engel nahm die Gestalt eines Flughafenbediensteten an, denn das war die effektivste Möglichkeit, ihr Bittgebet zu erfüllen.

Es gibt sehr viele Geschichten von Leuten auf Flughäfen und in Flugzeugen, bei denen unverhofft ihre Schutzengel auftauchten, um helfend einzugreifen. Die Engel scheinen tatsächlich eine gewisse Affinität zu solchen Orten zu haben, die mit dem Fliegen in Verbindung stehen.

Die Engel sagen: »Wir nehmen euch im wörtlichen und im übertragenen Sinn das ganze Leben lang an der Hand. Gelegentlich ist euch unsere Anwesenheit bewusst, doch die meiste Zeit ahnt ihr gar nicht, dass wir da sind. Wir brauchen keinen Dank und keine Anerkennung; doch wir wollen, dass ihr wisst: Wir sind ständig verfügbar, um euch in jeder Hinsicht zu unterstützen.«

Bitte die Engel, Flugturbulenzen zu stoppen oder zu verringern, wenn du im Flugzeug sitzt, und sie werden dafür sorgen, dass du einen entspannteren Flug erlebst.

Weihnachtsengel

In der Zeit um Weihnachten vollbringen die Engel anscheinend zusätzlich gute Werke in unserem Leben, wie Donna Kidman aus Needham in Massachusetts berichtet:

An Heiligabend herrschte dichtes Schneetreiben. »Ich muss noch einen Film für den Fotoapparat kaufen«, sagte ich zu meinen Kindern, die damals zwei und vier Jahre alt waren, als ich vor einem Laden parkte. Wir duckten uns unter dem Schneetreiben und eilten im Laufschritt zum Eingang – doch plötzlich stieß mein Gesicht mit voller Wucht an ein Kupferrohr, das hinten von einem Lastwagen herunterhing. Ich schmeckte Blut auf meiner Lippe, hatte aber keine Ahnung, wie schwer die Verletzung war, bis die Angestellte im Laden entsetzt ausrief: »Oh weh, soll ich einen Krankenwagen rufen?«

»Ach, nicht nötig«, sagte ich. Die Frau gab mir ein Tuch und etwas Eis. Dann führte sie mich zu einem Spiegel, wo die Reihe nun an mir war, nach Luft zu schnappen: Meine Oberlippe war gespalten und ein Schneidezahn war locker! »Ich muss genäht werden«, erkannte ich sofort. Augenblicklich begannen meine Gedanken herumzuwirbeln: Als alleinerziehende Mutter war ich auf mich selbst gestellt. Ich konnte mit meinem Schaltwagen unmöglich weiterfahren, während ich mir den Eisbeutel ins Gesicht hielt. Die Kinder brauchten ihr Abendessen, und wer sollte auf sie aufpassen, während ich in der Notaufnahme war?

In diesem Augenblick betrat ein junges Paar den Laden.

Unwillkürlich bemerkte ich: Obwohl jeder andere Kunde mit Schnee auf der Kleidung in den Laden kam, sah man weder auf den Jacken der schwangeren jungen Frau und ihres Mannes noch auf ihren Haaren auch nur eine einzige Flocke.

»Ich heiße Mary«, sagte die Frau. »Machen Sie sich keine Sorgen.« Sie legte ihren Arm um mich und ich spürte sofort eine große Erleichterung. »Wir bringen Sie ins Krankenhaus«, versprach sie und erklärte mir, ihr Mann werde die Kinder und mich in unserem Auto dorthin fahren, während Mary uns in ihrem eigenen Wagen folge.

Dankbar nahm ich das Angebot an. In der Notaufnahme nahmen Mary und ihr Mann die Kinder mit in die Cafeteria zum Abendessen. Nachdem ich verarztet war, traf ich alle draußen fröhlich wartend an.

Während Marys Mann uns nach Hause fuhr, fragte ich ihn: »Wo wohnen Sie?« Er nannte mir die Adresse eines nahe gelegenen Wohnblocks. »Ich weiß gar nicht, wie ich Ihnen danken soll«, sagte ich, als wir vor unserem Zuhause hielten.

Am ersten Weihnachtsfeiertag schrieb ich dem Paar einen Brief, in dem ich ihnen von ganzem Herzen dankte. Ein paar Tage später kam mein Brief zurück mit dem Vermerk: *Empfänger hier unbekannt.* Ich fuhr zu dem Gebäude, aber der Verwalter kannte dort niemanden, auf den meine Beschreibung passte.

Auch als ich in die Notaufnahme zurückging, erinnerte sich keiner an das Paar. *Wie ist das möglich?,* grübelte ich. Doch dann dämmerte es mir: Ich hatte an Heiligabend Hilfe vom Himmel bekommen! Zwei Engel hatten meine Notlage in ein wahres Weihnachtswunder verwandelt!

Wie Donna entdecken die meisten Menschen, denen Engel in menschlicher Gestalt begegnen, die Wahrheit erst dann, wenn sie versuchen, den hilfsbereiten Fremden zu danken. Doch Donnas Geschichte enthält noch weitere Hinweise auf die himmlische Herkunft dieses Paares: Da Engel unempfindlich gegen Wärme oder Kälte sind, bilden ihre auffällig leichten Mäntel und unbedeckten Köpfe (ganz zu schweigen davon, dass kein Schnee darauf zu sehen war) oftmals einen Hinweis auf ihren göttlichen Ursprung.

Und das zweite Merkmal verspürte Donna am eigenen Leib: Die beruhigende Kraft der Engel brachte ihr augenblicklich ein Gefühl der Erleichterung; es gestattete ihr, den beiden Fremden so weit zu vertrauen, dass sie das Paar ihren Wagen fahren und auf ihre Kinder aufpassen ließ! Jetzt wissen Donna und ihre Kinder, dass es wirklich Engel gibt – und das war für sie das schönste Weihnachtsgeschenk von allen!

Die Engel sagen: »Wir kreisen in jeder Situation ständig um euch. Wenn wir eure Furcht spüren, dann schweben wir noch näher zu euch heran. In den Stunden eurer größten Not stehen wir ganz dicht neben euch. Seid gewiss, dass ihr euch in jeder überwältigenden Notsituation auf uns verlassen könnt, denn wir werden euch und eure Lieben auf jede erdenkliche Weise unterstützen.«

Engel haben nicht immer Flügel oder tragen weiße Gewänder. Manchmal sehen sie auch genauso aus wie du und ich!

2

Die Anwesenheit von Engeln spüren

Viele Menschen haben bereits Engel gesehen, sprechen aber vielleicht nicht offen darüber. Bei einer Umfrage der Zeitschrift *The Skeptic* (eine Veröffentlichung, die sich dem Studium paranormaler Phänomene widmet) berichtete ein Drittel der Befragten, sie hätten schon einmal eine Begegnung mit einem Himmelswesen gehabt. Interviews in Großbritannien und in den Vereinigten Staaten zeigen, dass zwischen 10 und 27 Prozent der Bevölkerung eine Erfahrung hatten, bei der ihnen ein verstorbener geliebter Angehöriger erschienen war.

Laut einer an der Universität von Chicago durchgeführten Studie hatten nahezu zwei Drittel der Witwen ein solches Erlebnis; in der Regel sahen sie dabei ihren verstorbenen Ehemann. Untersuchungen an der Universität von Virginia ergaben, dass viele dieser Begegnungen im Traum stattfinden. Die Wissenschaftler aus Virginia stellten fest, dass die Erscheinungen offenbar eine sehr intensive Wirkung auf die Betroffenen haben und so bewegend und überwältigend sind, dass sie das ganze Leben verändern können. Dadurch unterscheiden sie sich ganz klar von bloßen Träumen. Diese wissenschaftlichen Forschungen untermauern, was viele Menschen schon immer gewusst oder vermutet haben: Die Engel weilen auch in ganz alltäglichen Situationen unter uns.

Die folgenden Geschichten illustrieren, dass Engel uns in

ganz unvorhergesehener Weise begegnen können – sogar am Steuer eines Autos!

Sicheres Geleit auf dem Heimweg

Wenn das Winterwetter hereinbricht, sind wir sicher und warm unter den liebenden Flügeln der Engel geborgen. Das erzählt auch Myrna Holett aus Gander im kanadischen Neufundland:

An einem strahlenden Wintersonntag nahm ich meine Tochter und ihre Freundin mit zum Langlaufen. Wir waren schon Stunden unterwegs, als ich auf einmal realisierte, dass die Sonne bereits am Untergehen war. *Oh nein!,* dachte ich entsetzt und geriet fast in Panik. Da es bald dunkel und auch kalt werden würde, mussten wir schleunigst zurück.

Die Loipe verlief am Rand eines Golfplatzes, bei dem wir auch unser Auto geparkt hatten, und ich wusste, würden wir eine Abkürzung durch den Wald finden, dann wären wir in null Komma nichts dort. Doch das Dickicht war undurchdringlich, und nach einer Stunde des Suchens waren wir vollkommen erschöpft. Wir froren erbärmlich und bekamen allmählich richtig Angst.

Ich gab mir größte Mühe, nicht völlig den Kopf zu verlieren, und betete: *Bitte zeig uns einen Weg zum Golfplatz!*

Einen Augenblick später rief meine Tochter: »Sieh mal dort!« Sie deutete auf eine Lichtung. Dort, über einer Anhöhe, schwebte ein leuchtender Engel. Er streckte die Arme aus, als wollte er sagen: »Hier entlang.« Als die wundersame Vision verblasste, glitten wir auf unseren Skiern eilig zu der Stelle, wo uns der Engel erschienen war – und wo sich nun ein deutlich erkennbarer Weg zum Golfplatz vor uns erstreckte!

Wie Myrna kannst du den Himmel bitten, dir den Weg zu zeigen, wenn du dich verirrt hast. Meist geben uns die Engel dann innerlich ihr Geleit, und für uns äußert sich das als spontane Erkenntnis oder als Intuition. Doch wenn wir in besonders großer Panik sind, nehmen die Engel eine sichtbare Gestalt an, wie Dorothy Gebhart aus Metairie in Louisiana schreibt:

Bei stürmischem Winterwetter fuhr ich auf einer vereisten Schnellstraße. Plötzlich verlor ich die Kontrolle über meinen Wagen, er geriet ins Schleudern und rutschte in die Mitte der Fahrbahn. Vor Schreck schloss ich die Augen und betete innerlich nur noch: *Gott, hilf mir!*

Plötzlich schlitterte mein Wagen Richtung Fahrbahnrand und sauste auf die Böschung zu, wo er stehen blieb. *Gerettet!*, frohlockte ich. Dann dämmerte mir langsam meine Lage: Mein Auto war in einem mindestens knietiefen Graben gelandet. Auf der einen Seite erstreckte sich meilenweit die Autobahn, auf der anderen sah man nichts als einsame, schneebedeckte Felder. *Ich brauche Hilfe,* dachte ich.

In diesem Augenblick hielt neben mir ein Jeep, und eine Frau stieg aus. »Kann ich Ihnen helfen, den Wagen aus dem Graben zu ziehen?« Sie war klein und zierlich, sodass ich mit Zweifel in der Stimme fragte: »Meinen Sie, es gelingt Ihnen?«

»Aber sicher«, erwiderte sie. »Ich habe ein Abschleppseil im Wagen.« Und innerhalb von Minuten hatte sie mich tatsächlich aus dem Graben herausgezogen.

»Wie kann ich mich dafür revanchieren?«, fragte ich.

»Machen Sie sich keine Gedanken darüber«, erwiderte sie lächelnd. »So etwas tue ich für Gott.« Als sie davonfuhr, fragte ich mich im Geist: *Bin ich vielleicht gerade meinem Schutzengel begegnet?*

In Dorothys Fall klingt das sehr plausibel. Der Himmel macht scheinbar geradezu unlogische Verrenkungen: Er sendet uns beispielsweise eine sehr zierliche kleine Frau, die unseren Wagen aus dem Straßengraben zieht, um uns einen Hinweis darauf zu geben, dass wir die Hilfe »von oben« erhalten haben.

Die Engel sagen: »Die Kraft unserer Liebe ist stärker als jeder Sturm auf Erden. Wenn ihr euch in einer Situation ängstlich und einsam fühlt, dann bittet uns um Hilfe.«

Es spielt keine Rolle, wie du die Engel um Hilfe bittest.
Nur musst du sie wirklich ausdrücklich bitten.

Ein Engel als Lebensretter

»Ich werde nie den Tag vergessen, an dem ein Engel mir das Leben rettete«, schreibt Barbara E. Pleasant aus West Columbia in South Carolina.

Als ich neun Jahre alt war und endlich gelernt hatte, auf dem klapprigen roten Fahrrad meiner Mutter zu fahren, sauste ich mit den anderen Kindern aus der Nachbarschaft voller Begeisterung den Berg an der Heidt Street hinunter.

Eines Tages strampelte ich auch bergab immer heftiger, immer schneller, doch plötzlich tauchte ein paar Häuser weiter der Stadtbus vor mir auf. Als ich das Tempo zu drosseln versuchte, merkte ich, dass die Bremsen nicht funktionierten! Ich trat in panischer Angst die Pedale zurück und hoffte, dass die Bremsen greifen würden – aber nichts geschah und ich wusste: *Wenn ich jetzt nicht anhalte, dann rase ich dem Bus direkt in die Seite!* »Bitte, lieber Gott, hilf mir!«, schrie ich.

Und plötzlich nahm ich einen weißen Lichtblitz wahr und spürte, wie sich mein Fahrrad mit einem Ruck verlangsamte, als würde von hinten jemand daran ziehen. Ich kam gerade noch rechtzeitig vor dem Bus zum Stehen.

Das war knapp! Ich war starr vor Schreck und mein Herz schlug rasend. Doch als ich mich umdrehte, um mich bei der Person, die mich gerettet hatte, zu bedanken ..., war keiner da.

Und auch jetzt noch, Jahre später, habe ich jenen Augenblick auf dem klapprigen Fahrrad meiner Mutter nicht vergessen, als mir klar wurde, dass mein Gebet erhört und ich von der unsichtbaren Hand eines Engels gerettet worden war.

Die Engel reagierten umgehend auf Barbaras Gebet. Sie hielten ihr Fahrrad fest und zogen es aus der Gefahrenzone. Die Kraft war so stark, dass sie annahm, sie hätte die Person gesehen, die ihr Fahrrad festhielt. Dennoch, als sie sich umwandte, um der Person zu danken, war niemand da – was ein typisches Zeichen für das Eingreifen von Engeln ist.

Die Engel sagen: »Ihr könnt ganz beruhigt davon ausgehen, dass unsere Macht, euch zu helfen, unbegrenzt ist. Wir werden alles Erforderliche tun, um euch zu schützen, denn unsere Liebe ist stärker als alle physikalischen Gesetze von Zeit oder Raum oder irdischer Schwerkraft.«

Über dich und deine Lieben wachen schützende Engel ohne Unterlass.

Himmlische Lotsen

Engel können wundersame Hilfe bringen, um uns vor Schaden zu bewahren, wie Patricia L. Miller aus San Diego schreibt:

Im Jahr 1957 fuhr ich quer durch die Vereinigten Staaten, um meinen Mann zu besuchen, der auf dem Flugzeugträger Wasp in San Diego stationiert war. Etwa um 2 Uhr nachts geriet ich in einen schweren Wolkenbruch auf der Route 60 zwischen Joplin im Staat Missouri und Tulsa. Der Regen war so stark, dass die Scheibenwischer mir keine klare Sicht schaffen konnten, und ich sah nicht einmal mehr über die Kühlerhaube meines Wagens hinweg. Ich erkannte die Fahrbahnmarkierungen nicht mehr und geriet in Panik, da ich befürchtete, auf die Gegenfahrbahn zu gelangen. *Wenn ich den Fahrbahnrand nicht mehr sehe, dann lande ich vielleicht im Straßengraben. Aber wenn ich auf die Gegenfahrbahn gerate, dann stoße ich vielleicht sogar mit einem anderen Fahrzeug zusammen!* Meine Hände waren schweißnass und ich flehte verzweifelt: »Oh Gott! Bitte hilf mir!«

Einen Augenblick später tauchte ein weißer VW Käfer mit eingeschalteter Warnblinkanlage vor mir auf. Ich konnte auf seinem Nummernschild gerade noch undeutlich erkennen, dass er aus Oklahoma kam. Eine Woge der Erleichterung erfüllte mich, denn ich dachte mir: *Der kennt diese Strecke hier sicher ganz gut. Ich fahre ihm einfach hinterher.*

Ich folgte dem Wagen zu einer Ausfahrt, die über eine Autobahnbrücke zu einer kleinen Tankstelle führte. Dort parkte ich den Wagen, schaltete den Motor aus und sah mich um. Der weiße Käfer war verschwunden! Da wusste ich, dass der Wagen die Erhörung meines Gebetes gewesen war: Ein Engel auf Rädern anstatt mit Flügeln war zu mir gesandt worden, um mich in Sicherheit zu bringen.

Die meisten Menschen glauben, dass Engel in der Lage sind, Gegenstände von einem Ort zum anderen zu bewegen, zum Beispiel, dass sie einen verlegten Autoschlüssel wieder an den richtigen Ort legen können. Doch sie können Gegenstände auch *erschaffen,* sogar Autos, wie Bob Eckmann aus Burlington, New Jersey, schreibt:

Eines Nachts, als es heftig regnete, kehrten meine Frau und ich vom Kino zurück und fuhren auf der Route 130, einer vierspurigen Schnellstraße, Richtung Norden. Die Sicht war miserabel, und als wir einen Berg hinunterfuhren, drosselte ich das Tempo, da wir eine große Pfütze durchqueren mussten. Doch genau, als wir mittendrin waren, starb der Motor ab.

»Oh nein!«, rief ich und versuchte verzweifelt, den Motor wieder anzulassen. Doch das Wasser war viel tiefer, als ich gedacht hatte, und reichte über den Auspuff hinauf. Plötzlich sah ich im Rückspiegel zwei riesige Lastwagen, die den Berg herunterrasten – direkt auf uns zu!

»Die bremsen nicht ab!«, schrie ich, und wir wappneten uns für den scheinbar unvermeidlichen Zusammenstoß. Doch auf einmal hörte ich eine laute Stimme: »Leg den Leerlauf ein, dann schiebe ich euch in Sicherheit.«

Ich tat wie geheißen, ein weißer Lieferwagen tauchte auf

und stellte sich hinter uns. Er schob uns von der Straße auf die Standspur neben der Fahrbahn, wo wir zitternd, aber sehr dankbar im Auto sitzen blieben. Der Lieferwagen fuhr neben uns und hielt an.

»Jetzt sind Sie in Sicherheit«, sagten die beiden Männer darin zu uns.

»Ich weiß gar nicht, wie ich Ihnen danken soll«, erwiderte ich und wandte mich an meine Frau. »Lass uns den beiden eine Belohnung geben.«

Doch einen Augenblick später, als ich mich wieder zum Fenster umwandte, waren die Männer und der Lieferwagen verschwunden. Der Parkplatz war riesig und leer, sodass wir es sicher gesehen hätten, wenn der Lieferwagen davongefahren wäre. Doch die Männer waren genauso schnell verschwunden, wie sie aufgetaucht waren.

Interessanterweise waren die Fahrzeuge, die sowohl Bob als auch Patricia gerettet hatten, beide weiß. Das ist die Farbe, die man am häufigsten mit Engelsflügeln und leuchtenden Heiligenscheinen in Verbindung bringt. Beide Fahrzeuge erschienen aus dem Nichts, und obgleich sie durchaus real und echt wirkten, verschwanden sie wieder, sobald sie ihren Zweck erfüllt hatten – ein typisches Merkmal aller Geschichten über Begegnungen mit Engeln.

Die Engel sagen: »Unsere Liebe zu euch ist so umfassend, dass sie völlig unterschiedliche Formen annehmen kann: von einem Lichtstrahl bis hin zu einem tröstenden Gefühl; von einem vorbeiflatternden Schmetterling bis hin zu einem weißen Lieferwagen. Unsere Liebe strahlt hell wie die Mittagssonne und erleuchtet jede Facette eures Lebens.«

Achte auf Aufkleber und Autokennzeichen, denn sie enthalten oft Botschaften der himmlischen Wesen.

Engel am Steuer

Dein Auto geht plötzlich kaputt? Vielleicht versuchen deine Engel dir damit gerade das Leben zu retten ... Das erlebte zumindest Nancy Bebber aus Kannapolis in North Carolina:

In unserer Stadt gibt es eine ganz bestimmte Ampel, die immer rot ist, wenn ich dort hinkomme. Seit Jahren ist es für mich ein spannendes Spiel, zu probieren, ob ich es diesmal bei Grün schaffe, aber es gelingt mir nie. Als ich eines Abends wieder einmal auf diese Kreuzung zufuhr, war ich mir ganz sicher, dass ich diesmal Erfolg haben würde.

Plötzlich jedoch blitzte vor mir aus dem Nichts ein helles Licht auf, so strahlend und wunderschön, dass ich keine Worte habe, es zu beschreiben. Es sah aus wie eine Person, die von einem leuchtenden Strahlenkranz umgeben war, beide Handflächen waren in einer Geste ausgestreckt, die mir ganz klar signalisierte: *Stopp!*

Ich war so perplex, dass ich nur starr dasitzen konnte, während das Licht meinen Wagen einzuhüllen schien und zum Stehen brachte – gerade als ein anderes Auto über die Kreuzung raste.

Der andere Wagen wäre voll in mich hereingefahren!, war mein einziger Gedanke, als das Licht allmählich wieder verblasste. Ich saß wie angewurzelt vor Schreck in meinem stehenden Wagen. Irgendwie war mein Steuerknüppel in den Leerlauf gebracht und die Handbremse fest angezogen worden. Und als die Ampel auf Rot schaltete, breitete sich eine

Woge tiefen Friedens in mir aus. Ich begann zu weinen, denn ich erkannte: *Ein Engel hat mich gerettet.*

Nancy hatte sich beim Fahren allein darauf konzentriert, endlich einmal diese Ampel zu besiegen, doch ihre Schutzengel verhinderten, dass das andere Auto ihr dabei voll in die Seite fuhr. Und sie wissen genau, dass bisweilen nur ein »Stehenbleiben« des Wagens unser Leben retten kann, wie auch Kathy McInnis aus Apple Valley in Minnesota schreibt:

Eines Abends fiel mir plötzlich ein, dass ich vergessen hatte, eine Arznei aus der Apotheke zu holen, die ich später am Abend brauchen würde. Es war bereits Viertel vor acht, sodass ich nur noch eine Viertelstunde Zeit hatte, bis die Apotheke zumachte. Ich schwang mich in den Wagen und warf dabei noch einen kurzen Blick auf meinen Rosenkranz, der vom Rückspiegel herunterbaumelte.

Als ich an eine viel befahrene Kreuzung kam, hielt ich an und wartete ungeduldig darauf, dass die Ampel auf Grün schaltete. *Wenigstens bin ich die Erste vor der Kreuzung,* dachte ich erleichtert, und sobald die Ampel grün wurde, gab ich Gas. Doch statt über die Kreuzung zu flitzen, blieb mein Auto einfach stehen und bewegte sich keinen Zentimeter vorwärts.

Mir blieb kaum Zeit, mich darüber zu wundern – *Was zum Kuckuck ist das ...?* –, als bereits ein riesiger Laster über die Kreuzung donnerte, genau in der Spur, die auch ich überquert hätte. Wie betäubt stöhnte ich auf: »Oh, mein Gott!« Dieser Lastwagen hätte mich voll auf der Fahrerseite erwischt und eine solche Kollision hätte mich mit ziemlicher Sicherheit das Leben gekostet!

Als ich merkte, dass ich noch immer voll aufs Gaspedal trat, mein Wagen sich aber nicht vom Fleck rührte, hob ich den Fuß und versuchte es erneut. Diesmal fuhr der Wagen problemlos an wie immer. Ich wusste zwar, dass Gott bisweilen seine Engel schickt, um Menschen in Not zu helfen, aber nun griff ich doch mit heftig klopfendem Herzen nach meinem Rosenkranz und dankte Gott, dass er mir einen Schutzengel gesandt hatte, um *mich* zu retten!

Normalerweise beschützen uns die Engel vor Gefahren im Straßenverkehr, indem sie uns ihre Anweisungen durch unsere eigenen Gedanken oder Gefühle eingeben. Doch die beiden Frauen dieser Geschichten waren in solcher Eile, dass sie die Botschaften wohl überhört hätten – daher setzten die himmlischen Helfer ihre Autos einfach außer Funktion. Glücklicherweise können unsere Schutzengel bei unserem Tempo mithalten, ganz gleich, wie schnell wir fahren!

Die Engel können dir auch den richtigen Weg weisen, wenn du dich verfahren hast. Frage sie einfach nach der Richtung und vertraue auf die Gefühle und Eingebungen, die sie dir schicken.

3

Tiere, vom Himmel gesandt

Was könnte tröstlicher sein als die bedingungslose Liebe eines treuen Haustiers? Für viele Menschen sind ihre Haustiere tatsächlich Engel.

Als ich, Doreen, noch als Psychotherapeutin arbeitete, verbrachte ich viel Zeit damit, Menschen zu beraten, die ihre geliebten Tiere verloren hatten. Ihr Schmerz war ebenso tief und heftig wie bei jenen Menschen, die Familienmitglieder verloren haben.

Glücklicherweise helfen uns die Engel, unseren Kummer zu überwinden, indem sie uns tröstliche Zeichen und Botschaften senden – wie du im folgenden Kapitel erfahren wirst.

Engel in Tiergestalt

Engel können uns in Gestalt von Tieren erscheinen, die uns mit ihrer bedingungslosen Liebe unterstützen und heilen, wie Lynn Patterson aus Mableton in Georgia schreibt:

Als meine Eltern im Alter krank wurden, blieben Familienmitglieder abwechselnd rund um die Uhr bei ihnen. Es war eine Zeit voller Sorgen und Nöte.

Eines Freitagabends, als ich zu ihrem Haus fuhr, bemerkte ich eine kleine Bulldogge im Hof. Sie bellte nicht, sondern begleitete mich nur zur Veranda am Eingang. »Woher kommst du denn?«, fragte ich, denn sie hatte kein Halsband mit Plakette um.

An den folgenden Tagen blieb der kleine Hund weiter in der Nähe des Hauses, und ich gab ihr den Spitznamen »Lady«. Spät am Abend saß sie immer neben mir auf der Veranda; ihre ruhige Anwesenheit half mir, mein Herz zu öffnen. »Es ist schwer, meine Mama und meinen Papa so zu sehen«, vertraute ich ihr an, denn ich wusste, dass sie spürte, wie es mir ging. Als meine Mutter dann in ein Pflegeheim zog, teilte ich meine Traurigkeit mit Lady. Und auch ein paar Monate später, als meine Mutter starb, konnte ich mich meiner vierbeinigen Freundin anvertrauen: »Ich bin froh, dass sie endlich ihren Frieden gefunden hat.«

Die Engel hatten mir eine Trostspenderin mit kuscheligem Fell gesandt, die mich an die göttliche Liebe erinnern sollte. Ladys beruhigende Anwesenheit half mir, die schweren Stunden zu ertragen. Dann, ein paar Tage nach der Beerdigung meiner Mutter, verschwand Lady. Als sie nicht wieder zurückkam, wurde mir klar, dass sie mir wohl der Himmel geschickt hatte.

Das war ganz sicher so! In Zeiten großer Belastung schickt uns der Himmel oft vierbeinige Engel mit kuscheligem Fell, um uns zu trösten und zu beruhigen. Wir schütten Tieren freimütig unser Herz aus, und das hilft uns dabei, Heilung zu erfahren, wie Kathy Lynch aus Westminster in Kalifornien berichtet:

Ich zog mir einmal eine ernsthafte Rückenverletzung zu. In dieser Zeit war ich – bisher eine aktive, viel beschäftigte Frau – praktisch ans Bett gefesselt. Da ich mit unerträglichen Schmerzen kämpfte, konnte ich obendrein nicht einmal an ganz normalen geselligen Anlässen teilnehmen. Obgleich Freunde und Familienmitglieder vorbeikamen und sich meine Tochter rührend um mich kümmerte, fühlte ich mich so nutzlos!

Eines Tages lag ich wieder einmal im Bett und weinte. Plötzlich hörte ich am Fenster meines Schlafzimmers im Erdgeschoss ein Kratzen am Fenster: Es war ein kleines Kätzchen! Ich konnte mich notdürftig im Haus bewegen, also machte ich das Fenster auf, und das Kätzchen hüpfte geradewegs herein.

Lachend begrüßte ich es: »Ja hallo, wer ist denn dieser kleine Kerl?« Ich stellte eine Untertasse mit Milch neben mein Bett, dann legte ich mich wieder hin und sah zu, wie der putzige Kamerad die Milch aufschlabberte. Als er fertig getrunken hatte, sprang er aufs Bett und rieb seine Schnauze an mir. Wir lagen Nase an Nase nebeneinander und seine goldgesprenkelten Katzenaugen funkelten, als er mir zärtlich mit seinen weichen, flauschigen Pfoten über die Wange strich. Dann legte das Kätzchen seinen Kopf an meine Seite und schlief ein.

Meine Tochter fragte in der ganzen Nachbarschaft herum, aber niemand vermisste ein junges Kätzchen. »Dann wirst du wohl hier bleiben müssen«, sagte ich lächelnd und nannte den kleinen Kater Sammy. Von da an verbrachte Sammy die meiste Zeit an mich gekuschelt bei mir im Bett. Wenn ich sein herzerwärmendes, sanftes Schnurren hörte, wurde mir immer wieder klar: *Mein Wert wird nicht dadurch bestimmt, was ich tun oder nicht tun kann. Es kommt nur darauf an, wie Gott mich sieht und was ich in seinen Augen bin.*

Tiere kommen oftmals gerade dann zu uns, wenn wir ihre Liebe und einen treuen Gefährten dringend brauchen. Wenn du dich nach einem vom Himmel gesandten Tier sehnst, dann bitte die Engel darum. Sie werden eine Möglichkeit finden, dir einen wunderbaren tierischen Freund vorbeizuschicken.

Bitte die Engel, dir das perfekte Haustier zu senden,
und sie werden dir diesen Wunsch erfüllen!

Ein himmlisches Bündel voller Liebe

Manchmal haben Engel vier Beine und ein weiches Fell. Dazu fragst du am besten Patti Reo Williams aus Lake Tahoe. Sie wird dir erzählen, dass ihr bester Freund, Charlie, ein Geschenk des Himmels war:

Kurz bevor mein Mann Chuck starb, sah er mir in die Augen und sagte: »Ich weiß, wie sehr du Tiere liebst. Es tut mir leid, dass ich dich immer davon abhielt, eine Katze zu haben.«

»Schon gut«, beschwichtigte ich ihn weinend. »Ich hatte ja dich zum Liebhaben.« Aber noch vor Sonnenaufgang des nächsten Tages starb Chuck.

Einige Wochen nach seinem Tod fielen mir seine letzten Worte wieder ein und ich beschloss, in eine Tierhandlung zu gehen. Vielleicht würde ich dort eine Katze finden, die mich in meiner tiefen Trauer trösten konnte. Bei keiner der kleinen Miezen dort hatte ich jedoch das Gefühl, dass sie zu mir gehörte.

Auf dem Heimweg sprach ich im Geist mit Chuck: »Suche du die richtige Katze für mich, Liebling!« Und kaum war ich zu Hause, rief der Sohn einer Freundin an: »Meine Mutter hat mir erzählt, dass Sie gerne eine Katze hätten«, sagte er. »Zufällig ist mir gerade heute auf dem Heimweg eine hinterhergelaufen. Möchten Sie vielleicht vorbeikommen und sie sich ansehen?«

»Das ging aber schnell«, sagte ich lächelnd und wunderte

mich über diesen Zufall. Als er aber noch hinzufügte: »Ich wohne am Williams Drive«, lief mir doch ein Schauer über den Rücken: Wir heißen ja Williams mit Nachnamen. War es tatsächlich möglich, dass mir Chuck diese Katze gesandt hatte?

Als ich das kleine Fellknäuel sah, fühlte ich vom ersten Moment an eine tiefe Zuneigung. Ich wusste, dass mein Mann mir tatsächlich geholfen hatte, dieses Kätzchen zu finden. Ihm zu Ehren nannte ich meinen neuen Freund Charlie. Er ist mir seither ein großer Trost, und da ich weiß, dass Chuck ihn mir gesandt hat, ist das zärtliche Schmusen mit ihm doppelt so wohltuend!

Patti war sich ganz sicher, dass ihr verstorbener Ehemann ihr die Katze als Geschenk des Himmels gesandt hatte. Tiere sind in ihrer Zuneigung so unverfälscht und herzerwärmend, dass sie oft mit unseren Engeln zusammenwirken, um uns Trost zu spenden und über den Schmerz hinwegzuhelfen – oder wie Laralea McLaughlin aus Camarillo in Kalifornien herausfand, um uns sicher nach Hause zu geleiten. Ihre Geschichte lautet folgendermaßen:

Nachdem mein Mann Joe und ich den Tag auf Nantucket Island verbracht hatten, kamen wir beide spätabends mit der Fähre zurück und machten uns auf den fast drei Kilometer langen Rückweg zu unserem Hotel. Doch kaum hatten wir uns vom beleuchteten Dock entfernt, umgab uns tiefschwarze Dunkelheit.

Mir flatterten die Nerven, und so betete ich: *Lieber Gott, bitte sende uns deine schützenden Engel!* Und plötzlich sprang ein großer Bernhardiner auf uns zu. Normalerweise hätte mir ein so großer Hund Angst eingejagt, aber dieser war uns eindeutig freundlich gesinnt, und als Joe und ich unseren Heimweg fortsetzten, trottete er einfach neben uns her. Den gesamten Weg bis zu unserem Hotel wich er nicht von unserer Seite; erst als wir am Eingang angekommen waren, lief er weg. »Ich bin froh, dass er bei uns war«, sagte ich. Da wurde mir schlagartig klar: Gott hatte meine Gebete erhört und einen Engel in Gestalt eines prächtigen vierbeinigen Beschützers geschickt!

Der Bernhardiner war sicher ein von Gott gesandter Engel. Wie ließe sich sonst dieser zeitliche Zufall erklären? Und wie andere Engel verschwand auch dieser vierbeinige himmlische Begleiter spurlos, sobald er seine Mission erfüllt hatte.

Die Engel sagen: »Wir senden euch Beschützer und Boten aus dem Tierreich, denn wir wollen euch zeigen, dass die Liebe allgegenwärtig ist und ihr nie allein seid.«

Haustiere sind Engel auf Erden, die dir gesandt werden, damit du dich geliebt und geborgen fühlst.

Kätzchen-Engel

Spendet dein Haustier dir Trost? Die Liebe unserer Tiere währt ewig, wie Wendy Reed aus Clover in South Carolina erfahren durfte:

Als bei meinem über alles geliebten dreizehnjährigen Kater Lucky Krebs diagnostiziert wurde, war mir klar, dass es an der Zeit war, sein Leiden zu beenden. Mit Tränen in den Augen drückte ich ihn ein letztes Mal an mich und flüsterte ihm dabei ins Ohr: »Ich liebe dich«, bevor ich ihn dem Tierarzt überließ.

Mein Mann bereitete in unserem Garten einen Ruheplatz für Lucky. Ich stellte dort eine kleine Katzenfigur auf und legte etwas Katzenminze dazu. Ein paar Tage später saß ich im Garten. Ich vermisste mein Kätzchen und betete deshalb: *Bitte sende mir ein Zeichen, dass es Lucky gut geht!*

Der Himmel war an diesem Tag vollkommen wolkenlos, aber als ich nun wieder aufblickte, traute ich meinen Augen kaum: Oben am Himmel sah ich eine wunderschöne Wolke in der Gestalt einer sitzenden Katze mit Engelsflügeln! Ich beobachtete mit Tränen in den Augen, wie sich die Wolke langsam auflöste, und fühlte mich über alle Maßen beschenkt. Ich wusste jetzt, dass es Lucky gut ging und dass die Engel über ihn und über mich wachten.

Viele Menschen sehen Wolken in Engelsgestalt als Antwort auf ihre Gebete, aber eine Wolke in Form einer Katze ist schon etwas Außergewöhnliches, vor allem eine mit Engelsflügeln! Offensichtlich wachten die Schutzengel besonders aufmerksam über Wendy und ihren geliebten Lucky.

Die Engel sagen: »Die Liebe zwischen einem Haustier und einem Menschen ist rein wie die himmlische Liebe. Sie ist immerwährend und besteht fort, wenn das Tier in die himmlische Welt eingegangen ist. Wir senden euch von dort aus Zeichen all eurer lieben tierischen Freunde. Öffnet euch für diese Zeichen und vertraut darauf, dass sie nicht auf bloßer Einbildung beruhen.«

Achte auf die Wolken, denn aus ihrer Form lassen sich oft himmlische Botschaften herauslesen.

Ein Engel in Gestalt einer Taube

Obgleich es in dieser Geschichte genau genommen nicht um ein Haustier geht, zeigt sie doch, wie Vögel in die Rolle von Schutzengeln schlüpfen können. Tatsächlich wirken Engel und Vögel oft zusammen, um uns Frieden, Trost und Botschaften der Liebe zu überbringen, wie Lorna O'Day aus Cherry Valley in Massachusetts uns in der folgenden Geschichte darlegt:

Nichts trifft Eltern härter und unvorbereiteter als der Verlust eines Kindes. Und als mein Sohn Shawn im Alter von 23 Jahren bei einem Autounfall ums Leben kam, waren mein Mann Denny und ich am Boden zerstört.

Nach der Beerdigung ging ich jeden Tag auf den Friedhof und betete zu Gott, sich meines Sohnes anzunehmen. Und ich bat Shawn um ein Zeichen, dass es ihm gut ging. Obgleich mir vor Schmerz fast das Herz zerriss, wollte ich meinen Mann und meine anderen Kinder nicht damit belasten, denn sie litten ja ebenso sehr wie ich. Daher trauerte ich meist für mich allein.

Nachdem ich eines Tages einen Brief von einem von Shawns Freunden gelesen hatte, brachen in mir alle Dämme. Schluchzend bat ich Gott um Hilfe. Das Nächste, woran ich mich erinnere: Ich saß draußen auf der Veranda – und ich war nicht allein. Dort auf dem Geländer saß eine kleine Trauertaube und sah mich an. Sie saß vollkommen reglos da, auch als ich mich ihr näherte. Und plötzlich öffneten sich die Schleusen in meinem Herzen, und die Worte begannen nur so heraus-zusprudeln: »Oh, Shawn«, begann ich. »Ich vermisse dich so sehr.« Ich wusste, dass der Vogel sicher nicht Shawn war, aber er hatte etwas von ihm an sich, wie er so aufmerksam dasaß, während ich meine Gefühle vor ihm ausbreitete. Er kam mir vor wie mein Sohn, der auch immer zu wissen schien, wann ich gern in den Arm genommen werden wollte. Es war so leicht, zu glauben, dass Gott – und Shawn – mir die kleine Taube zum Trost gesandt hatten.

In den nächsten Wochen besuchte mich der Vogel jeden Tag. Er saß auf der Veranda und ich schüttete ihm mein Herz aus und vertraute ihm all die Dinge an, die ich niemand anderem mitteilen konnte.

Ich erzählte keiner Menschenseele etwas von meinem kleinen Freund, denn ich fürchtete, die anderen würden denken, ich sei nicht mehr ganz richtig im Kopf. Bis ich eines Tages hörte, wie Denny mit irgendjemandem sprach.

»Mit wem redest du?«, fragte ich.

»Also«, sagte er verlegen, »du hältst mich jetzt sicher für verrückt, aber jeden Tag kommt dieser Vogel hierher, und ich habe angefangen, mit ihm zu sprechen. Ich habe so ein Gefühl, dass Shawn ihn mir geschickt hat.«

Überglücklich und erschrocken zugleich begannen Denny und ich zu weinen, fielen uns in die Arme und teilten uns gegenseitig all unseren wochenlang zurückgehaltenen Kummer mit.

Ich hatte gedacht, es ginge nur mir allein so und ich hätte einfach ein bisschen zu spinnen angefangen. Aber ebenso wie die kleine Taube *mir* dabei geholfen hatte, meinen Kummer zu lindern, so hatte sie auch Denny getröstet. Und jetzt hatte uns der kleine Vogel sogar wieder zueinander geführt.

Auch in den nächsten Wochen besuchte uns der Vogel und versicherte uns durch seine beständige Anwesenheit, dass Shawn sich an einem schönen Ort befand und niemals weit weg von zu Hause war. Und als der kleine Vogel schließlich nicht mehr kam, wussten wir, dass es für uns an der Zeit war, heil zu werden – gemeinsam.

Von Engeln gesandte Zeichen sind immer sanft und freundlich – und was könnte sanftmütiger sein als eine Taube, das Symbol des Friedens? Und was tröstlicher für Eltern als ein Geschöpf, das die Eigenschaften ihres geliebten Sohnes, Geduld und Fürsorglichkeit, widerspiegelt?

Ein Engel in Gestalt einer Taube half Lorna und Denny, Kummer, Wut und Einsamkeit – die typischen Begleiter der Trauer – allmählich zu überwinden. Darüber hinaus brachte er sie als Paar wieder zusammen, damit sie sich in ihrer Trauer gegenseitig eine Stütze sein konnten.

Engel senden uns oftmals Vögel als Zeichen, dass unsere verstorbenen Lieben im Himmel glücklich sind und uns auch weiterhin sehr lieben.

Die Engel sagen: »Vögel treten bisweilen als unsere Stellvertreter auf Erden auf, um euch mitzuteilen, dass wir immer in eurer Nähe und für euch da sind. Das nächste Mal, wenn ihr einen Vogel seht, haltet einen Augenblick inne, erfreut euch an seiner Schönheit und fühlt euch reich beschenkt.«

Vögel oder auch Schmetterlinge, besonders wenn sie sich ungewöhnlich verhalten oder an einem ungewöhnlichen Ort auftauchen, sind nicht selten himmlische Zeichen.

4

Von Engeln beschützt

Unsere Schutzengel sind immer bei uns und unseren Lieben und wachen rund um die Uhr über unser Wohlergehen. Manchmal senden sie uns verbale Warnungen oder aber Intuitionen und bewahren uns damit vor Unheil. Wenn wir ihren Weisungen folgen, sind wir sicher und geborgen. Bei anderen Gelegenheiten setzen Engel auch übernatürliche Kräfte ein, um uns vor Schaden zu bewahren.

Die Leserinnen und Leser von *Womans's World* schreiben uns in den folgenden Geschichten, wie sie diesen Schutz am eigenen Leib erfahren haben. Sie wissen jetzt, dass sie unter göttlicher Obhut stehen. Auch über *dich* wachen die Engel bei Tag und bei Nacht!

Schutzengel deines Kindes

Wünschst du dir, dass deine Kinder unter dem Schutz der Engel stehen? Ja, sie werden gut behütet, wie uns Nathalie Flautat aus Hallandale, Florida, in ihrem Brief schildert:

Eines Abends schloss ich mein Büro ab, während mein sechsjähriger Sohn Julien meiner Sekretärin nachsah, die über die Straße zu ihrem Wagen ging. Plötzlich sauste er ihr ohne Vorwarnung wie der Blitz hinterher.

»Bleib stehen!«, rief ich entsetzt und rannte los, um ihn zurückzuhalten. Doch er lief schon auf die Straße, wo ein Auto mit voller Geschwindigkeit auf ihn zufuhr. »Nein!«, konnte ich nur noch schreien.

Zu meiner Verblüffung schien Juliens Körper wie ein Standbild im Fernsehen plötzlich einzufrieren, und in diesem Augenblick raste das Auto kaum ein paar Zentimeter vor ihm vorbei. Ich stürzte mich auf meinen geliebten Sohn und nahm ihn fest in die Arme. Tränen liefen mir über die Wangen, und ich wusste sofort, dass Juliens Schutzengel ihm das Leben gerettet hatte!

Ich habe keinen Zweifel daran, dass die Engel durch ihr rechtzeitiges Eingreifen gerade noch verhinderten, dass Nathalies kleiner Sohn von dem Auto erfasst wurde. Tut es nicht gut, zu wissen, dass die himmlischen Beschützer immer bei uns sind, wenn wir sie brauchen? Ellen Parks aus Keansburg in New Jersey schreibt uns über eine ähnliche Erfahrung:

Als junge Frau war ich Babysitterin eines einjährigen Mädchens. Eines Tages im Winter, nachdem sich die kleine Arlene gerade von ihrem Keuchhusten erholt hatte, packte ihre Großmutter sie in ihrem Kinderwagen warm ein und schickte uns nach draußen an die frische Luft. Wir waren erst ein paar Straßen weit gekommen, als Arlene einen schweren Hustenanfall bekam. Ich klopfte ihr sanft auf den Rücken, um ihre Atemwege freizubekommen, aber es half nichts. Sie fing an, nach Luft zu ringen, und ich geriet in Panik. *Oh Gott,* flehte ich, *bitte hilf mir!*

Und wie gerufen tauchte plötzlich eine Frau neben mir auf. »Lassen Sie es mich einmal versuchen«, bat sie, nahm die Kleine auf den Arm und rieb ihr den Rücken. »Ich glaube, jetzt ist es wieder gut«, versicherte sie mir und legte Arlene in den Kinderwagen zurück. Ich drehte mich um und wollte der Frau danken, aber sie war bereits verschwunden.

Bei den Notfällen in diesen Geschichten mussten die Engel jeweils augenblicklich eingreifen. In anderen Fällen geben sie uns hilfreiche Tipps oder auch Anweisungen, wie wir unseren Kindern selbst helfen können, wie Linda Downey aus Wellington in Ontario berichtet:

Ich setzte meine einjährige Tochter in ihre Schaukel vor unserem Panoramafenster, damit sie zusehen konnte, wie ihr Daddy draußen im Hof Holz hackte. Ich spülte gerade in der Küche das Geschirr, als ich plötzlich eine Stimme vernahm: »Hol das Baby aus der Schaukel!« Der Tonfall klang so drängend, dass ich die Aufforderung nicht ignorieren konnte. Ich nahm meine Tochter aus ihrem Sitz, und gerade als wir zurück in der Küche waren, flog im anderen Raum ein Holzscheit durchs Fenster und landete genau dort, wo unser Mädchen gesessen hatte!

Die Stimme des Himmels klingt in der Regel liebevoll und ruhig, und die meisten Menschen nehmen sie als »innere Stimme« wahr, doch wenn die Engel uns etwas ganz Dringendes mitteilen müssen, dann ertönt ihre Stimme unüberhörbar laut.

Die Engel sagen: »Wir sind aufmerksame und tatkräftige Unterstützer aller Eltern und helfen ihnen dabei, das Wohl ihrer Kinder sicherzustellen. Kinder sind die Engel auf Erden, und wir weichen ihnen nie von der Seite.«

Bitte die Engel täglich, über das Wohl deiner kleinen Lieblinge zu wachen.

Der Miniatur-Engel

Schon mal ein Engelsfigürchen gefunden? Wenn ja, dann gib genau acht, denn du wirst auch bald eine wirkliche Begegnung mit einem Engel haben – wie Carol Thomas aus New Smyrna Beach in Florida erfuhr:

Jeden Morgen gehen mein Mann und ich zum Joggen auf die Flagler Avenue, eine Hauptstraße in unserem schönen Städtchen. Als wir eines Tages so dahintrabten, fiel mein Blick auf einen glänzenden Gegenstand am Boden. »Es ist ein Engelsfigürchen«, sagte ich. »Oder besser gesagt, es *war* eines ...«

Der kleine Messingengel war ziemlich zerdrückt, doch er gefiel mir, sodass ich ihn mit den Worten aufhob: »Ich rette dich von dieser Straße, vielleicht rettest du mich ja auch eines Tages.« Ich nannte ihn meinen »Schutzengel« und legte ihn ins Handschuhfach meines Wagens.

Ein paar Monate später, an einem regnerischen Nachmittag, war ich auf dem Nachhauseweg. Plötzlich raste aus dem Nichts ein anderes Auto auf mich zu und krachte auf der Fahrerseite in die Rücksitztür meines Wagens. Ich klammerte mich im Schock und in Todesangst fest ans Steuerrad – mein Wagen überschlug sich auf der spiegelglatten Straße. Schließlich landete er auf der Seite, und ich hing in meinem Sicherheitsgurt wie eine Marionette.

Mein Auto hatte sich mindestens zweimal überschlagen, sodass ich vom Herumwirbeln wie betäubt war. Aber bei kurzer Überprüfung meines Körpers schien ich gar nicht verletzt zu sein! Als die Sanitäter eintrafen und mich aus meinem Sicherheitsgurt befreiten, setzte ich meinen Fuß auf den Boden – und siehe da, zwischen den Scherben der zerschmetterten Windschutzscheibe lag mein zerdrücktes Engelsfigürchen!

Tränen stiegen mir in die Augen, denn mir wurde klar, was geschehen war: Ich hatte meinen Schutzengel vom Straßenrand gerettet, und er hatte sich soeben bei mir revanchiert. Außerdem hatte er sichergestellt, dass der Fahrer und alle Insassen des Wagens, der in mich hineingefahren war, ebenfalls unverletzt blieben! Die Entdeckung des kleinen Messingengels auf dem Boden zeigte mir, dass wir nie allein sind.

Carol stand mit Sicherheit unter dem Schutz der Engel! Und der Himmel fand einen Weg, ihr zu zeigen, dass immer jemand auf uns aufpasst.

Die Engel sagen: »Obgleich wir immer in eurer Nähe sind, spürt ihr nicht unbedingt unsere liebevolle Begleitung. Darum senden wir euch Zeichen, die ihr berühren und aufbewahren könnt. Sie sollen zum Ausdruck bringen, wie sehr wir euch lieben.«

Wenn du Auto fährst, bitte die Engel um ihren Schutz für dich und alle anderen Leute in deinem Wagen und in den Fahrzeugen um dich herum.

Sicher in den Armen der Engel

Fürchtest du dich davor, im Winter auf eisigem Boden auszurutschen? Nicht einmal das kalte Winterwetter hielt die Engel davon ab, Melissa Mona aus Painesville in Ohio vor einem schlimmen Sturz zu bewahren! Melissa durfte erfahren: Wenn Gefahr durch Glatteis droht, passt ihr Schutzengel ganz besonders gut auf sie auf.

Wenn Engel in Notfällen eingreifen, dann tun sie zwar genau das, was in jener Situation erforderlich ist, aber ihr Schutz widerspricht oftmals den Naturgesetzen: Ein Fremder hilft uns – und verschwindet dann spurlos. Oder wir werden, wie es bei Melissa war, von unsichtbaren – aber sehr realen – Händen aufgefangen und geführt. Sie schreibt Folgendes:

Ich war im achten Monat schwanger und trug meine zweijährige Tochter über einen Parkplatz. Plötzlich rutschte ich auf dem eisigen Boden aus.

»Melissa!«, rief mein Mann entsetzt aus. Kurz bevor ich auf dem Boden aufprallte, fing mich *»etwas«* auf und zog mich wieder hoch!

»Wie hast du denn das angestellt?«, fragte mein Mann verblüfft.

»Ich habe gar nichts gemacht!«, erwiderte ich keuchend vor Schreck.

Melissas Engel waren zwar unsichtbar, aber in anderen Fällen können sie auch wie der nette Junge von nebenan aussehen, wie Joan M. Voltz aus Roseville in Minnesota berichtet:

Als ich eines Tages im Winter vom Einkaufen heimging, glitt ich auf der eisglatten Straße aus. »Autsch!«, stöhnte ich vor Schmerz, als ich der Länge nach auf dem Boden lag. Ich versuchte aufzustehen, aber mein Knöchel war verstaucht.

»Hilfe!«, rief ich, doch es war niemand in der Nähe. Ich ignorierte den Schmerz und versuchte, mich mühsam aufzurappeln.

In diesem Augenblick tauchte ein junger Mann auf. »Kann ich helfen?« Er hob meine am Boden verstreuten Einkäufe auf und half mir dann, nach Hause zu humpeln, wo mich mein Sohn nach drinnen brachte. »Dem Himmel sei Dank, dass er vorbeigekommen ist«, sagte ich und wandte mich um, weil ich den jungen Mann vorstellen wollte. Doch er war spurlos verschwunden, und erst dann dämmerte mir: Er war mein Schutzengel gewesen!

Wie recht sie damit hatte! Ein Schutzengel hatte Joan nach Hause und in Sicherheit gebracht.

Die Engel sagen: »Vielleicht tritt euch im Winter, wenn unser tatkräftiger Schutz wegen Eis und Schnee besonders gefordert ist, deutlicher ins Bewusstsein, dass wir immer für euch da sind und ihr keine Angst zu haben braucht.«

Kein Problem ist zu groß – oder zu klein – für die Engel.

Engel als Lebensretter

Engel nehmen genau die Gestalt an, die sich am besten dazu eignet, uns in der jeweiligen Notsituation das Leben zu retten. Manchmal treten sie nur als warnende Stimme oder als ein bestimmtes Gefühl in unser Leben. Oder aber sie zeigen sich uns durch den Hinweis eines hilfreichen Fremden, der verschwindet, sobald wir in Sicherheit sind, wie uns Patricia Galanti aus Richardson in Texas mit ihrer Geschichte zeigt:

Es war eine milde Nacht, und ich fuhr gerade über eine doppelspurige Kreuzung, als plötzlich von rechts ein Auto auf mich zuraste und meinen Wagen rammte.

»Oh, mein Gott!«, schrie ich auf, als mein Wagen zur Seite und auf ein anderes Auto geschoben wurde, das an der roten Ampel links von mir wartete. Dann wurde um mich herum alles schwarz.

Als ich die Augen wieder öffnete, war mein erster Gedanke: *Gott sei Dank, ich lebe!* Doch dann spürte ich, dass ich mich nicht bewegen konnte!

Doch, das kannst du, sagte eine Stimme zu mir, und gleichzeitig breitete sich eine tiefe Ruhe und Gelassenheit in mir aus.

Ich setzte mich auf und wandte mich nach links. Dort sah ich zu meinem Erstaunen eine Frau, die durch die zerschmetterte Fensterscheibe an der Fahrerseite hereinblickte. »Schalten Sie den Wagen aus!«, wies sie mich an.

»Der Motor ist doch schon abgestorben«, erwiderte ich. Ich

spürte keine Vibrationen mehr, also war ich im Glauben, dass die Zündung bereits ausgegangen war.

»Drehen Sie den Zündschlüssel um!«, insistierte die Frau.

Ich tat wie befohlen, und als ich wieder aufblickte, war sie verschwunden.

Nun nahm ich die lauten Rufe der Feuerwehrleute wahr, die den Unfallort sicherten; die Zugmaschinen, die alle drei ineinander verkeilten Autowracks auseinanderzogen; und das Kreischen der Metallsägen, mit denen die Insassen daraus befreit wurden. Schließlich zogen mich Sanitäter aus meiner völlig zerdrückten Karosserie. »Sehr umsichtig von Ihnen, dass Sie die Zündung abgestellt haben«, sagte einer von ihnen zu mir. »Es ist nämlich Benzin ausgelaufen. Ein Funken von der Zündung, und alle wären in die Luft geflogen!«

»Ich habe nur getan, wozu mich die Frau aufgefordert hat«, erwiderte ich.

»Was für eine Frau?«, fragte er.

Ich erklärte es ihm und deutete auf die Stelle, wo sie gestanden hatte.

»Das ist unmöglich!«, sagte er. »Keiner hätte da stehen können, bevor die Autos auseinandergezogen wurden.«

In diesem Moment wurde mir bewusst, dass ich Besuch von einem Engel gehabt hatte.

Die Engel wussten, dass Patricia und die anderen Unfallopfer in ernster Gefahr schwebten. Daher überbrachten sie eine kurze, prägnante Botschaft, die sie verstehen und sofort befolgen konnte.

Engel erscheinen oft an Unfallorten und arbeiten Hand in Hand mit den irdischen Rettungskräften. Die meisten Menschen erkennen gar nicht, dass sie Engel vor sich haben, bis sie im Krankenhaus Nachforschungen über die fremden Helfer anstellen und zur Antwort bekommen: »Bei uns arbeitet niemand, auf den diese Beschreibung passt.«

Die Engel sagen: Wenn ihr Angst habt oder in großer Gefahr schwebt, halten wir euch die Hand (manchmal buchstäblich) und bringen euch in Sicherheit.«

Du kannst ganz beruhigt sein,
dass deine Schutzengel immer bei dir sind.

Das Licht der Engel

Wenn du die Engel um Hilfe anrufst, stehen ihre Rettungsteams schon bereit, wie Lynn Anderson aus North Miami in Florida am eigenen Leib erfuhr:

Eines Abends war ich bei Regen auf der Landstraße unterwegs, als mir ein Reh vors Auto lief. Ich geriet ins Schleudern, verlor die Kontrolle über das Fahrzeug und rutschte eine steile Böschung hinunter. Schließlich landete ich in einem tiefen Flussbett. Ich wurde ohnmächtig und erwachte später ganz benommen in der kalten, dunklen Nacht.

Mein Wagen war auf der Beifahrerseite aufgekommen, und die Fahrerseite war mit schwerem Geröll bedeckt. *Ich muss hier raus!,* dachte ich und geriet in Panik. Aber ich war viel zu schwach, um die Tür über mir aufzustemmen. »Hilfe!«, schrie ich verzweifelt.

Plötzlich erfüllte mich jedoch eine große Ruhe und innere Gefasstheit. *Stell den Scheinwerfer an,* sagte mir eine innere Stimme. *Ja*, dachte ich und schaltete das Licht an ... Dann verlor ich erneut das Bewusstsein.

Als ich das nächste Mal aufwachte, hörte ich Stimmen. Zwei Jäger auf ihrem mitternächtlichen Heimweg hatten im Flussbett ein Licht entdeckt und beschlossen, genauer nachzusehen. Sie räumten das Geröll weg und zogen mich aus dem Wagen, anschließend fuhren sie mich ins Krankenhaus. »Ohne das Licht der Scheinwerfer hätten wir Sie nie gesehen«, sagten sie.

»Dem Himmel sei Dank, dass Sie mich entdeckt haben«, erwiderte ich flüsternd.

Nach meiner Genesung ging ich auf den Schrottplatz, um mir mein Autowrack anzusehen. Unvorstellbar, wie ich darin überlebt haben konnte! Auch der Schrottplatzbetreiber fand es unerklärlich. »Es hat mir das Leben gerettet, dass ich die Scheinwerfer angemacht habe«, erklärte ich ihm.

»Das konnten Sie doch gar nicht«, erwiderte er. »Die Batterie war durch den Aufprall abgerissen. Es gab keinen Strom mehr im Auto.«

»Aber es gab ein Licht!«, sagte ich mit Nachdruck, während mir ein Schauer den Rücken hinunterlief. Doch dann wurde mir schlagartig klar: Dieses Scheinwerferlicht war eine direkt Hilfe »von oben«. Und auch die beiden besorgten Jäger waren mir vom Himmel gesandt worden!

Gleich mehrere Wunder hatten Lynn das Leben gerettet:

Sie hatte keine ernsthaften Verletzungen davongetragen.

Sie hatte die Weisung erhalten, das Licht einzuschalten, kurz bevor zwei Jäger zufällig vorbeigingen.

Und vor allem: Die Scheinwerfer funktionierten ohne Batterieanschluss!

Die Engel sagen: »Unser Schutz für euch kennt keine Grenzen. Wir können das bewirken, was ihr ›Wunder‹ nennt, um euch zu behüten. Für uns sind das jedoch keine Wunder. Sie sind nur Ausdruck unserer Liebe – und gerade sie ist das größte Wunder von allen.«

Wenn dir eine freundliche innere Stimme beim Autofahren Anweisungen erteilt, dann höre genau zu und folge ihnen.

Bitte einfach darum!

Du magst vielleicht nicht wissen, was als Nächstes geschieht, aber deine Schutzengel wissen es sehr wohl! Und wenn du darum bittest, dann errichten sie eine himmlische Schranke, die dich vor Gefahren bewahrt – wie Ellen Zielke aus Crestwood in Illinois uns mitteilt:

Wann immer ich mit dem Flugzeug verreise, sage ich dieses Gebet, bevor ich an Bord gehe: *Schutzengel, sorgt bitte dafür, dass die Flügel dieser Maschine oben bleiben. Ihr Engel, beschützt uns!* Eines Tages wiederholte ich meine übliche Bitte, während mein Mann und ich im Flugzeug zu unseren Sitzen gingen.

Plötzlich hatte ich ein Gefühl, als würde ich von einer unsichtbaren Barriere zurückgehalten. *Das ist ja merkwürdig,* dachte ich und versuchte, gegen den Widerstand weiterzugehen. Doch ich kam schlicht keinen einzigen Schritt voran. In diesem Augenblick zerbarst eine der Neonleuchten in der Passagierkabine, und direkt über unseren Sitzen hagelte es Glassplitter!

»Wir hätten böse Schnittverletzungen davontragen oder sogar blind werden können!«, sagte ich tief erschrocken. Aber irgendwie hatte uns diese »Barriere« davor bewahrt.

Ellen nahm an, ihr Gebet habe sich nur darauf erstreckt, dass das Flugzeug beim Start, während des Fluges und bei der Landung in Sicherheit war, doch die Engel erkannten, dass sie auch darüber hinaus Schutz brauchte.

Die Engel hören und reagieren auf alle unsere Bitten, selbst auf die indirekten, in denen wir eben unsere Sorgen zum Ausdruck bringen, wie Barb Kis aus Racine in Wisconsin herausfand:

Bei der Fahrt zur Arbeit quälten mich Geldsorgen. *Wie soll ich es jemals schaffen, über die Runden zu kommen?*, zerbrach ich mir den Kopf, als ich in eine Parklücke fuhr. Beim Aussteigen fiel mein Blick auf etwas Grünes, das auf dem Boden neben dem Vorderrad lag. »Eine Zwanzig-Dollar-Note!«, rief ich erstaunt und hob sie auf.

Am folgenden Wochenende hielt ich mich im Einkaufszentrum auf. Weil meine Schuhe heftig zu drücken begannen, beugte ich mich hinunter, um sie zu lockern, und entdeckte direkt vor meinen Füßen eine Fünf-Dollar-Note! Ein paar Tage später fand ich eine Brieftasche auf der Straße. Darin fand ich die Adresse des Besitzers. Ich rief ihn an, und als er kam, um sie abzuholen, gab er mir einen Finderlohn.

Am nächsten Tag ging ich in die Kirche und setzte mich in eine der Bankreihen ... und auf dem Sitz sah ich etwas metallisch leuchten. Diesmal war es eine Vierteldollarmünze! Auf einmal durchflutete mich ein warmes Gefühl der Dankbarkeit, denn ich hatte die Botschaft verstanden: Im Himmel war jemand, der über mich wachte. Ich konnte all meine Geldsorgen loslassen. Und glaubt mir: Es wandte sich alles zum Guten.

Sowohl Ellen als auch Barb erhielten konkrete Beweise, dass ihre Schutzengel über sie wachen.

Die Engel sagen: »Viel von unserer Arbeit geschieht unbemerkt. Dennoch geben wir euch immer auch erkennbare Zeichen, damit ihr wisst, dass wir bei euch sind und ihr unbesorgt sein könnt.«

Mach dir keine Sorgen und jammere nicht. Bitte stattdessen deine Engel bei all deinen Problemen um Hilfe!

Himmlische Retter

Die Engel breiten stets ihre schützenden Arme um dich! Diese Erfahrung machte eines heißen Sommertages am Strand auch Joan LaChance aus Staten Island im Staat New York:

In dem Sommer, als ich zwölf war, schickten mich meine Eltern in den Ferien nach Long Island zu Dolores, der Cousine meiner Mutter, und ihren beiden Töchtern. Am Strand ermahnte uns Dolores eindringlich: »Achtet auf die Bojen, die vor Strudeln warnen, und haltet euch in sicherer Entfernung!«

Eines Tages jedoch schwammen meine Cousine Edith und ich trotzdem in die Gefahrenzone, wie es bei Kindern bisweilen nicht ausbleibt. Plötzlich wurden wir von einem Strudel erfasst und hineingezogen. In panischem Schrecken, dass wir ertrinken würden, schrien wir beide laut um Hilfe.

Auf einmal spürte ich ein Paar starker Arme um meine Taille, die mich aus dem Strudel zogen. Als ich dann erleichtert und heilfroh zum Strand zurückschwamm, sah ich, dass auch Edith von einem kräftigen Mann gerettet worden war. Am Ufer sanken wir vor Erschöpfung in den Sand.

»Dem Himmel sei Dank, ihr seid wohlbehalten!«, rief Dolores weinend und umarmte uns stürmisch. »Ich hatte solche Angst, dass ihr ertrinkt!«

»Das wäre auch passiert«, sagte ich, »wenn uns die beiden Männer nicht gerettet hätten.«

»Welche Männer?«, fragte Dolores erstaunt. »Ich habe nur

gesehen, dass ihr in den Strudel geraten seid, aber auch, dass ihr allein wieder herausschwimmen konntet!«

Edith und ich sahen einander verblüfft an. Wir fragten anschließend auch andere Leute am Strand, doch obgleich es einige Zeugen des Vorfalls gab, hatte keiner die beiden Männer gesehen, die uns vor dem Ertrinken bewahrt hatten. Erst Jahre später verstand ich, was damals geschehen war: Edith und ich verdankten diese wundersame Rettung unseren Schutzengeln!

Es gibt in der Tat viele Berichte von Menschen, die dem Tod durch Ertrinken gerade noch entkommen sind, und sie alle weisen ein ähnliches Szenario auf. Dieser Fall ist jedoch ungewöhnlich, da beide Mädchen das Eingreifen der Engel erlebten und es sich gegenseitig bestätigen konnten.

Sandra Johnson aus Manteno in Illinois hatte ebenfalls ein Kindheitserlebnis mit einem Engel:

Als ich neun Jahre alt war, spielten meine beste Freundin und ich an einem Sommertag im Freien. Auf einem Gelände neben dem Hinterhof des Hauses, in dem meine Freundin wohnte, fanden wir eine riesige Eiche mit ausladenden Ästen, die zum Hinaufklettern geradezu einluden. Wer konnte schneller und höher hinaufklettern? Das wollten wir herausfinden – also nichts wie nach oben, von einem großen Zweig zum anderen!

Doch auf halbem Wege gab es plötzlich ein splitterndes Geräusch. Der Zweig unter mir brach, und ich fiel mit einem Schreckensschrei – »Oh Gott, bitte hilf mir!« – in die Tiefe.

Im selben Augenblick vernahm ich eine flüsternde Frauenstimme: »Verschränke deine Arme über der Brust.« Ich tat wie geheißen und landete unverletzt auf einem Heuhaufen. Als ich mich jedoch nach der Frau umsah, war niemand mehr da.

Obgleich Joan und Sandra mittlerweile erwachsen sind, stehen ihnen ihre Engel immer noch ständig zur Seite, und das Gleiche gilt für *dich.*

Die Engel sagen: »Schon beim leisesten Anzeichen einer Gefahr stehen wir zum Eingreifen bereit, meist schon, bevor ihr unsere Hilfe braucht.«

Anweisungen der Engel sind immer positiv und liebevoll formuliert, selbst wenn sie vor großer Gefahr warnen.

Wie Engel kleine Kinder beschützen

Besonders wenn es um die Sicherheit kleiner Kinder geht, lassen die Engel uns Autofahrer nicht aus den Augen, wie Patsy Lee Cook aus Ripley in Tennessee in ihrer Geschichte mitteilt:

Vor einigen Jahren arbeitete ich bei einem Hauspflegedienst und fuhr von einem Patienten zum nächsten, um die Kranken daheim zu betreuen. Bei dieser Arbeit erlebte ich viele außergewöhnliche Situationen, aber eine sticht in meiner Erinnerung immer ganz besonders hervor.

Ich hatte eines Tages nach einer Patientin gesehen und anschließend noch eine Weile mit ihrer Familie geplaudert. Dazu gehörte auch ein süßes kleines Mädchen, das etwa drei Jahre alt war. Nachdem ich meine Aufgabe erledigt hatte, ging ich zu meinem Auto und blieb dort noch eine Weile sitzen, um mir ein paar Notizen zu machen. Dann legte ich den Sicherheitsgurt an, trat mit dem Fuß auf die Bremse und legte den Rückwärtsgang ein, um den Wagen aus der Einfahrt hinauszumanövrieren.

Ich wollte gerade mit dem Fuß von der Bremse gehen, als mir plötzlich eine energische Stimme befahl: »Schau nach rechts!« Ich tat es sofort und sah voller Entsetzen, dass das kleine Mädchen, das bei meinem Abschied im Haus geblieben war, sich fest an den Türgriff meines Fahrzeugs klammerte!

Eine Woge der Erleichterung durchflutete mich. *Hätte ich diese Stimme nicht gehört, dann hätte ich das Kind vielleicht mitgerissen und überfahren!*

Später an diesem Tag erzählte ich die Geschichte meinen Kolleginnen, die ebenso erstaunt waren wie ich. Ein tiefer Frieden senkte sich über unser ganzes Team, denn uns war klar, dass die Engel ein unschuldiges Kind und auch mich beschützt hatten.

Die Engel wachten über das kleine Mädchen, und vielleicht war Patsy – durch ihre Hausbesuche bei kranken Menschen war sie schließlich selbst eine Art irdischer Engel – ja auch besonders empfänglich dafür, die himmlischen Stimmen zu hören. Doch du musst kein irdischer Engel sein, um die Warnungen der Himmelsboten zu vernehmen. In Notfällen stellen sie schon selbst sicher, dass ihre Anweisungen laut und klar erfolgen, wie Milton Forbes aus Ottumwa in Iowa zu berichten weiß:

Obgleich diese Geschichte schon vor Jahren passierte, ist sie mir noch immer kristallklar in Erinnerung. Ich war 27 und arbeitete für einen großen Lebensmittelhändler. Jeden Morgen um 10 Uhr belud ich meinen Lastwagen und begann mit meinen Auslieferungen. Auf meiner Route musste ich mich immer sehr beeilen: Ich hielt vor einem Haus an, schaltete den Motor ab, sprang aus dem Wagen, eilte mit der Lebensmittelkiste zum Haus des Kunden, lud die Kiste dort aus und sauste wieder zum Transporter zurück. Dort stellte ich die leere Kiste auf die Ladefläche, ließ den Motor an und düste zum nächsten Haus.

Eines Tages erledigte ich wieder einmal in der üblichen Eile meine Auslieferungen, doch als ich mich nach einem Kundenbesuch auf meinen Fahrersitz zurückschwang und den Motor anlassen wollte, erstarrte ich. Es war, als bliebe die Zeit stehen.

Ich hörte eine Stimme zu mir sagen: »Sieh vor dem Lastwagen nach!«

Ich stellte sofort den Motor aus, ging zur Frontseite und traute meinen Augen nicht: Direkt vor dem Laster saß ein kleiner Junge auf seinem Dreirad. Er lehnte sich an den Stoßdämpfer und sah mich lächelnd an. Mir lief es vor Schreck kalt den Rücken hinunter. Um ein Haar hätte ich diesen kleinen Kerl überfahren! Aber irgendetwas hatte mich im letzten Moment davor bewahrt. Und auf einmal trat an die Stelle des eisigen Schreckens eine tiefe Erleichterung und Dankbarkeit gegenüber Gott und den Schutzengeln, die diesen Jungen vor dem Tod – und mich vor einem schrecklichen Schicksalsschlag – bewahrt hatten.

Milton beschreibt in seinem Bericht ein typisches Gefühl, das Menschen überkommt, wenn sie die Stimmen von Engeln und ihre Botschaften hören: Eine beruhigende Energie strahlt auf sie aus und »die Zeit bleibt stehen«.

Die Engel sagen: »In eurer Welt ist bisweilen durchaus Vorsicht geboten, aber ihr braucht beim Fahren keine Angst zu haben, denn wir wachen aufmerksam und liebevoll über euch und alle in eurer Umgebung – besonders die Kinder. Wenn Gefahr droht, dann treten wir sofort in Aktion, um Unheil von euch abzuwenden.«

Bedenke immer, der Wagen, der in langsamem Tempo vor dir fährt, könnte ein Engel sein, der verhindert, dass du einen Unfall baust.

5

Botschaften der Liebe von verstorbenen Eltern

Das Band zwischen Kindern und Eltern ist unzertrennlich, selbst nach dem irdischen Tod. Ich sage »irdischer Tod«, da Geist und Seele eines Menschen unsterblich sind, ebenso wie die gegenseitige Zuneigung von zwei Menschen.

Viele spüren die Präsenz eines geliebten Menschen, der bereits verstorben ist, und manche haben sogar schon eine Erscheinung erlebt. Üblicher sind jedoch himmlische Botschaften und Zeichen, die uns mitteilen, dass unser Familienmitglied oder eine nahestehende Person glücklich ist und unser Leben weiterhin liebevoll begleitet. Von allen Engelgeschichten, die ich zugesandt bekomme, gehören jene über Mütter und Väter zu den bewegendsten. Viele Eltern wollen ihren Kindern durch Botschaften und Zeichen unbedingt auch nach dem Tod versichern: »Ich liebe dich«, »Bitte vergib mir« sowie andere wichtige Nachrichten.

Diese Botschaften wirken stets wie ein heilender Balsam und spenden den Trauernden tiefen Trost, wie die folgenden Geschichten zeigen.

Himmlische Geschenke

Liebe kann so stark sein, dass sie den Tod überdauert, wie Sherie Weber aus Moundville in Missouri zu berichten weiß:

Meine Mutter war eine großzügige, liebevolle Frau – und für meine Schwester Toni und mich war unsere Mom auch unsere beste Freundin. Daher waren wir zutiefst betrübt, als sie vor fünf Jahren starb. Und als wir ihren Nachlass und ihre persönlichen Dinge ordneten, empfand ich den Verlust besonders schmerzlich.

Ich sah gerade eine Kiste mit alten Grußkarten durch, die Mom aufgehoben hatte, als Toni mit einem tiefen Seufzer vorschlug: »Vielleicht könnten wir uns ja ein Video ausleihen und noch eine Weile hier in Moms Haus verbringen.« Das wäre jetzt wirklich genau das Richtige für uns, fanden wir beide, aber keine von uns hatte Geld dabei.

Dann eben nicht, dachte ich und schlug eine weitere Grußkarte auf. Verblüfft hielt ich den Atem an: In der Karte lag eine Fünf-Dollar-Note! Ich weinte und lachte zugleich. Es war, als hätte Mom uns zugehört und gesagt: »Hier, Mädchen, geht und holt euch euer Video«, und das taten wir dann auch. Als wir es uns auf der Couch gemütlich machten, wusste ich genau, dass auch Mom bei uns war.

Obgleich es nur fünf Dollar waren, empfanden Sherie und ihre Schwester dieses Geld als unschätzbar wertvolles Geschenk – als ein Geschenk des Himmels, das besagte: »Die Liebe einer Mutter stirbt nie.«

Auch Margo Hoornstra aus Potterville in Michigan erhielt ein Geschenk ihrer verstorbenen Mutter. Sie schreibt:

In meiner Kindheit und Jugend war meine Mutter eine unerschöpfliche Quelle der Liebe und Ermutigung. Einer ihrer Lieblingssprüche war: »Find a penny, pick it up, and all the day you'll have good luck« (wörtlich übersetzt: Wenn du einen Penny findest, hebe ihn auf, dann begleitet dich das Glück den ganzen Tag). Aber auch das geflügelte Wort »A dime is ten times the luck, a quarter even more« (wörtlich übersetzt: Ein Zehn-Cent-Stück bedeutet zehnfaches Glück, aber ein Vierteldollar hilft noch ein bisschen weiter), hörten wir oft. Wenn mich im späteren Leben Probleme plagten, fragte ich sie immer um Rat, und manchmal wollte ich einfach nur von ihr hören, dass alles wieder gut wird.

Als sie 1988 starb, vermisste ich sie schrecklich. Und als dann ein weiterer schwerwiegender Schicksalsschlag hinzukam, fehlte sie mir noch mehr: Kurz nachdem sich mein Mann krankheitshalber vorzeitig zur Ruhe setzen musste, machte die Firma, in der ich gearbeitet hatte, von einem Tag auf den anderen dicht, sodass ich meine Arbeit verlor.

Auf einen Schlag war aus unserem Doppelverdienerhaushalt eine Familie ohne Einkommen geworden. Von Sorgen überwältigt machte ich einen Spaziergang, und beim Gehen brach ich in Tränen aus. *Oh, Mom, ich wünschte, du könntest jetzt hier bei mir sein,* dachte ich. Da fiel mein Blick zufällig auf den Boden: Vor mir lag ein Vierteldollar auf dem Bürgersteig Lächelnd hob ich ihn auf. Doch als ich dann auch noch die Jahreszahl auf der Münze entdeckte, verschlug es mir buchstäblich den Atem: 1988 – das Todesjahr meiner Mutter!

Ich war mir sicher, das musste eine Nachricht von Mom sein, die mir zeigen wollte, dass sie für mich da war und mich immer lieben und bei jedem meiner Schritte ermutigen würde.

Margos Mutter sandte ihrer Tochter ein Zeichen der Aufmunterung, das Margo sofort erkennen würde: einen Vierteldollar, jene Münze, die sie zu Lebzeiten in ihrem Sprüchlein immer als Symbol für Glück und Fülle verwendet hatte!

Die Engel sagen: »Die Bande der Zuneigung in Familien sind so stark, dass die Liebe selbst nach dem Tod durch Zeichen, Hinweise und Symbole Ausdruck findet. Diese könnt ihr überall entdecken, wenn ihr nur danach Ausschau haltet. Vertraut ganz fest darauf, dass euch diese Geschenke vom Himmel gesandt wurden, denn das ist wirklich so.«

Bitte deine Engel, dir ein Zeichen deiner geliebten Verstorbenen zu senden. Du kannst auch darum bitten, dass du diese Zeichen dann erkennst und verstehst.

Himmlische Erscheinungen

Freunde und Verwandte im Himmel versuchen bisweilen auch, eine Botschaft der Liebe durch einen Traum zu senden, wie sich Suzanne Bodnar aus Holbrook im Staat New York erinnert:

Letztes Jahr wachte ich eines Morgens früh auf und wunderte mich sehr über den merkwürdigen Traum, den ich gerade gehabt hatte. Darin saß ich auf einem Sofa, als plötzlich eine Frau vor mir auftauchte. »Meine Liebe«, sagte sie, während sie mein Gesicht berührte, »bitte erzähle ihr, dass es mir gut geht und dass ich sie liebe – immer geliebt habe und immer lieben werde. Lass sie wissen, dass ich sie hören kann und immer bei ihr bin.«

Nach diesen Worten wandte sie sich um und ging fort – hinein in das strahlendste Licht, das ich je gesehen habe. *Wie seltsam!,* dachte ich. Die Erscheinung war mir zu real vorgekommen, als dass ich sie als bloßen Traum hätte abtun können, doch ich hatte keine Ahnung, wer diese Frau sein konnte oder für wen ihre »Botschaft« bestimmt war.

Dennoch nahm ich ein Stück Papier und kritzelte rasch die Einzelheiten meines Traums darauf, bevor ich sie wieder vergessen würde. Während des Schreibens musste ich auf einmal an meine Schwiegermutter Iris denken. Irgendwie spürte ich, dass die Botschaft für sie bestimmt war und dass es sich bei jener Frau um ihre Mutter gehandelt hatte, der ich vor ihrem Tod ein paarmal begegnet war.

Ich verspürte eine seltsame Dringlichkeit, Iris sofort anzurufen, aber es war noch viel zu früh, erst Viertel vor sieben am Morgen, daher wartete ich noch. Das drängende Gefühl ließ nicht nach, während die Minuten dahinschlichen, und schließlich, um halb acht, hielt ich es nicht länger aus.

»Ich hoffe, ich habe dich nicht geweckt«, sagte ich zu Iris und erzählte ihr dann meinen Traum in allen Einzelheiten.

»Das ist ja unglaublich«, erwiderte Iris – und als sie mir berichtete, was sich bei ihr zugetragen hatte, staunte ich ebenso. »Ich bin heute früh aufgewacht«, erzählte sie mir, »und konnte nicht mehr einschlafen. Also ging ich ins Wohnzimmer, setzte mich auf das Sofa meiner Mutter und führte im Geist ein Gespräch mit ihr. Ich legte meinen Arm über die Rückenlehne, blickte zum Himmel auf und bat sie, mit mir zu reden oder mir ein Zeichen zu geben. Doch nichts geschah – zumindest dachte ich das.«

Vollkommen perplex fragte ich sie: »Und um wie viel Uhr war das?«

»Fünf nach halb sieben«, antwortete sie. »Ich weiß es noch genau, da ich auf die Uhr gesehen habe.«

»Wirklich erstaunlich!«, erwiderte ich. »Ich bin um 6.38 Uhr aufgewacht, gerade mal drei Minuten später!« Ich konnte es kaum glauben: Diese Botschaft war mir eindeutig gesandt worden, damit ich sie meiner Schwiegermutter überbringe. »Aber warum, meinst du, kam sie damit ausgerechnet zu *mir*?«, fragte ich.

»Sie wusste, was für ein enges Verhältnis wir haben«, erwiderte Iris weinend vor Freude. »Das werde ich dir nie vergessen, Sue, ich bin dir unendlich dankbar!«

Wenn geliebte Verstorbene uns im Traum besuchen, geht

es ihnen meist um die Mitteilung, dass es ihnen gut geht, dass sie uns lieben und wir uns nicht um sie zu sorgen brauchen. Doch im vorliegenden Fall war Iris vermutlich zu tief in ihre Trauer verstrickt, als dass sie die Präsenz ihrer Mutter hätte spüren können. Von der himmlischen Warte aus erkannte Iris' Mutter das enge Band zwischen Suzanne und ihrer Schwiegermutter und wählte daher ihre Botin sehr umsichtig aus.

Die Engel sagen: »Die Liebe findet immer einen Weg. Wenn das Anliegen eurer Botschaft – ob durch Verwandte, Freunde oder durch uns, die Engel, übermittelt – ganz von eurer Fürsorge bestimmt ist, dann wird sie eure Adressaten sicher erreichen.«

Engel und geliebte Menschen erscheinen oft in Träumen.
Diese nächtlichen Besuche sind begleitet von
sehr intensiven Gefühlen, die dich spüren lassen,
dass die Begegnungen real sind.

Vaterliebe, die den Tod überdauert

Polly Baumer aus Florence in Massachusetts bat um ein Zeichen, und die Antwort, die sie erhielt, berührte sie tief! Hier ist ihre Geschichte:

Für meinen Vater war der Frühling immer die schönste Jahreszeit gewesen. Er empfand stets eine tiefe Freude angesichts all der Erneuerung, die das Frühjahr mit sich bringt. Daher vermisste ich ihn fünf Jahre nach seinem Tod gerade im Frühling wieder einmal sehr stark, und ich betete um ein Zeichen, dass es ihm gut ging und dass er wusste, wie sehr wir ihn vermissten. Ein paar Tage wartete ich allerdings vergebens.

Während ich bei einem Bild, das ich vor ein paar Jahren gemalt hatte, noch ein paar Pinselstriche ergänzte, dachte ich einmal mehr an Dad. Das Gemälde – es zeigte einen Irisstrauß – hatte mich immer an ihn und an die Blumen erinnert, die er im Garten unseres Hauses, in dem ich meine Kindheit verbrachte, gepflanzt hatte.

Plötzlich fiel mir das Zeichen wieder ein, um das ich gebeten hatte, und ich spürte den Wunsch, die Blüten auf dem Bild ganz naturgetreu darzustellen. Also suchte ich im Internet nach einem guten Foto einer Iris, aber keines stellte mich zufrieden. Seufzend legte ich den Pinsel beiseite.

Später an diesem Tag füllte ich schmutzige Wäsche in den dafür vorgesehenen Korb, und dabei fiel eine Socke dahinter. Dieser Korb ist bei uns in einen Wandschrank integriert, sodass die Socke hinten zwischen Mauer und Korb gerutscht war. Mithilfe des langen Griffs eines Rückenkratzers fischte ich sie wieder hervor und hörte dabei das Rascheln von Papier.

Jetzt war ich neugierig geworden. Unser Haus war 1848 errichtet worden. Dieses Papier war womöglich sehr interessant, vielleicht ein hundert Jahre alter Brief oder eine Zeitung aus jener Zeit.

»Eine alte Leselernkarte!« Lächelnd hielt ich die Pappe in der Hand, und als ich sie näher musterte, musste ich lachen: Auf der Karte stand das Wort *Blume* und daneben war die Illustration einer wunderschönen Iris! *Was für ein seltsamer Zufall,* dachte ich – bis ich die Karte umdrehte. Mir stockte der Atem. Dort auf der Rückseite befand sich die Abbildung eines Mannes mit Kind und dazu das Wort: *Vater.*

Mir lief ein Schauer über den Rücken, denn mir wurde schlagartig klar: *Diese Karte hatte die ganzen 27 Jahre dort hinten an der Wand gelegen, seit wir in das Haus eingezogen waren!* Und ich glaube, es war kein bloßer Zufall, dass gerade in jenem Augenblick, als ich nach der Abbildung einer Iris suchte, ein solches Bild einfach so auftauchen konnte – und schon gar nicht, nachdem ich ausdrücklich um ein Zeichen von meinem Vater gebeten hatte.

Das war vermutlich alles andere als ein Zufall. Polly verband das Bild der Irisblüten mit Erinnerungen an ihren Vater; daher reagierten die Engel entsprechend und lenkten ihre Socke buchstäblich so, dass sie hinter den Wäschekorb fiel. Sie wussten, dass eine Antwort auf Pollys Frage und die Erhörung ihres Gebets dahinter verborgen lag.

Mit dieser Karte gelang es Pollys Vater, ihr ein Zeichen seiner Liebe zukommen zu lassen. Er teilte ihr mit, dass er glücklich war und dass sie ihm immer noch sehr viel bedeutete.

Die Engel sagen: »Die Botschaften, Signale und Zeichen, die ihr von euren geliebten Verstorbenen im Himmel erhaltet, sind sehr real. Sie wollen euch damit zeigen, wie sehr sie euch schätzen, ehren und lieben.«

Wenn du deine Engel und geliebten Verstorbenen bittest, dich ihre Anwesenheit spüren zu lassen, dann werden sie es tun. Vertraue auf deine Gefühle, denn du kannst die himmlischen Wesen wahrnehmen, die bei dir weilen.

Himmlische Botschaften zum Muttertag

Unsere Mütter bleiben unserem Herzen immer ganz nahe, wie Roseann Pionegro aus Winter Springs in Florida schreibt:

Unsere Familie verbrachte viele glückliche Abende damit, Moms köstliche Mahlzeiten zu genießen. Unser Lieblingsdessert hieß »Peta«, ein geschichteter Apfelkuchen mit süßer Kruste. Als Dad 1981 starb, verlor Mom das Interesse am Kochen, und 1983 folgte sie ihm in den Himmel.

Fünf Tage später, am Muttertag, fühlte ich mich schon beim Aufwachen einsam. Ich ging zu ihrem Haus und sah mir ihre Kochbuchsammlung an. Sie bewahrte ihre handgeschriebenen Lieblingsrezepte zwischen den Seiten von mehr als 200 Bänden auf. Und ich fand sie alle – bis auf das Peta-Rezept.

»Oh, Mom«, sagte ich laut. »Wo steckt nur dein Peta-Rezept?« Plötzlich beschlich mich so ein »Gefühl«: Ich schlug eines der Kochbücher auf, das sie in meinem Beisein nie benutzt hatte, und dabei fiel ein kleiner Zettel heraus: Moms Peta-Rezept! Ich war überglücklich. Sie hatte einen Weg gefunden, mir zu zeigen, dass sie an diesem Muttertag – und für immer – bei mir war.

Roseann ließ sich intuitiv leiten, um das zu finden, was sie am stärksten brauchte: eine Bestätigung, dass ihre Mutter sie auch weiterhin liebevoll begleitete.

Das Gleiche erlebte Judith Risher Christ aus White Plains, New York. Sie teilt uns Folgendes mit:

Als ich noch klein war, kauften mein Bruder und ich einmal am Muttertag für unsere Mom einen wunderschönen Fliederbusch. Sie pflanzte ihn im Garten hinter dem Haus ein. Mehr als zehn Jahre warteten wir darauf, dass er blühte, doch diesen Gefallen tat er uns nie. Dann eines Tages, Anfang Mai, starb unsere Mom.

Voller Trauer betete ich um ein Zeichen, dass es ihr gut ging. Und eine Woche später blühte eine einzige Fliederrispe an dem üppig grünen Busch auf, und ich wusste: Das war mein Zeichen. Seitdem steht unser Fliederbusch jedes Jahr um den Muttertag herum in voller Blüte.

Die Engel finden viele Wege, um unseren Herzen Trost zu spenden. Ein schönes Beispiel dafür schildert auch June Prater aus McMinville in Tennessee:

Als meine Mutter starb, war ich tieftraurig. Jeden Tag wurde mein Herz noch schwerer, und in einem Augenblick besonders abgrundtiefer Verzweiflung rief ich weinend: »Mama, ich halte es einfach nicht länger ohne dich aus!«

Plötzlich flog ein Kolibri herbei und schwebte einige Augenblicke direkt vor mir. Dann flog er wieder davon. Ich war tief berührt. Meine Mutter hatte diese Vögel über alles geliebt und um sich geschart! Ich wusste, es war Mamas Art, mir zu sagen, dass ich nicht allein war – sie war so nahe bei mir wie dieser kleine Kolibri.

Eure Lieben sind immer ganz in eurer Nähe.

Die Engel sagen: »Bittet einfach darum – wir helfen euch, die Liebe zu spüren, die euch für immer mit euren Freunden und Familienangehörigen verbindet.«

Vermisst du deine Mutter? Bitte die Engel, dir ein tröstliches Zeichen ihrer Liebe zu senden.

Lieder als himmlische Liebesgrüße

Vermisst du einen lieben Menschen? Die Engel können dir mit ihrer Fürsorge hilfreich zur Seite stehen und dir ein Zeichen senden, wie Sara Laurance aus Ontario im Staat Oregon herausfand:

Vor fünf Jahren, als ich meinen Dad verlor, dachte ich, das sei das Schlimmste, was mir je geschehen könnte. Doch in den beiden darauffolgenden Jahren ging es mit meinem Leben immer weiter bergab, bis ich so tief unten war wie nie zuvor. Erdrückt von finanziellen Problemen und dem Ende einer 23-jährigen Ehe, war ich nahe daran, aufzugeben.

Doch dann kam die Wendung. Sie erfolgte am Geburtstag meines Vaters, als ich ihn einmal mehr schrecklich vermisste. Auf meinem Weg zur Arbeit dachte ich: *Vielleicht sollte ich allem einfach ein Ende setzen.* Ich weinte: *Oh, Dad, wenn du nur hier wärst! Du würdest die richtigen Worte finden.*

Ich stellte das Radio an, als der Moderator gerade verkündete: »Und hier ein ganz besonderer Wunsch für einen ganz besonderen Menschen.« Und schon sang Travis Tritt: »It's a Great Day to Be Alive" – »Heute ist ein wunderbarer Tag zum Leben.« Dieser »Zufall« munterte mich ein wenig auf.

Aber noch bevor ich an jenem Abend nach Hause kam, war mir klar, dass es kein Zufall gewesen war: Ich hatte dasselbe Lied an diesem Tag noch so oft gehört, dass ich die Schlussfolgerung zog: *Jemand versucht mir etwas zu sagen!* Und ich wusste genau, wer das war.

»Danke, Dad«, flüsterte ich, als ich an jenem Abend ins Bett ging, denn er hatte mir an diesem Tag das Leben gerettet. Da ich nun wusste, dass er immer noch für mich da war und über mich wachte, wurde mir klar: *Es war wirklich ein wunderbarer Tag gewesen.*

Mittlerweile sind drei Jahre vergangen, und wann immer ich niedergeschlagen bin, höre ich dieses Lied, und es tröstet mich und hilft mir über mein Tief hinweg. Dad hat einen Weg gefunden, mir zu zeigen, dass jeder Tag ein wunderbarer Tag zum Leben ist.

Wie die Botschaft von Saras Vater, erscheinen himmlische Zeichen in der Regel dreimal oder öfter, damit wir erkennen, dass es sich nicht nur um reine Zufälle handelt. Es ist großartig, dass Sara ihrem Gefühl vertraute: Ja, ihr Vater hat ihr dieses Lied geschickt.

Auch Robin R. Mitchell aus Indianapolis vertraute darauf und schreibt uns Folgendes:

Als ich in den 1970er-Jahren noch ein kleines Mädchen war, sang mir mein Dad ein Lied mit dem Titel »I Love« von Tom T. Hall vor, das damals sehr beliebt war. Darin ging es um die Liebe zu »ducks, trucks, trains and rain« (Enten, Laster, Eisenbahnen und Regen), die des Reimes willen so zufällig zusammengewürfelt worden waren. Wenn Dad es mir vorsang, musste ich jedes Mal lachen, und ich liebte ihn dafür.

Während ich aufwuchs, wurde das Verhältnis zwischen mir und Dad eher noch enger. Und als er vor ein paar Jahren an Lungenkrebs starb, war ich verzweifelt. An einem Vatertag fuhr ich auf den Friedhof, um Blumen auf sein Grab zu legen. »Wenn du doch nur noch hier wärst, Dad«, sagte ich weinend. Ich hatte mein Auto mit eingeschaltetem Radio stehen gelassen, und als ich wieder einstieg, hörte ich zu meinem großen Erstaunen die altvertraute Strophe über die Liebe zu den kleinen Entchen. »Oh, Dad.« Wieder musste ich weinen, aber diesmal waren es Freudentränen. Ich wusste, dass Dad hier bei mir war und mir auf unmissverständliche Weise seine Liebe bekundete.

Die geliebten Menschen, die von uns gegangen sind, versichern uns ihrer fortdauernden Zuneigung, indem sie uns Lieder schicken, die für uns eine besondere Bedeutung haben.

Die Engel sagen: »Musik verbindet Himmel und Erde. Achtet aufmerksam auf die Lieder, die ihr hört, denn sie sind oftmals himmlische Liebesbriefe.«

Wenn du eine Botschaft der Liebe empfängst und darin ein göttliches Zeichen vermutest, dann vertraue diesem Gefühl.

Ein Geschenk von Mama und den Engeln

Auch wenn du einmal dringend Geld brauchst, können dir deine Engel hilfreich zur Seite stehen. Du wirst staunen, auf welch raffinierte Art und Weise sie ein finanzielles Dilemma für July Astengo aus Lynnwood in Washington gelöst haben:

Als ich ein junges Mädchen war, versteckte meine Mutter für Notfälle immer Geld an »geheimen« Orten im ganzen Haus. Wir machten uns oft über ihre Hamsterei lustig – bis wir wieder einmal dringend etwas brauchten. Dann griff unsere Mom stets bereitwillig in eine Schublade oder hinter ein Möbelstück und zog das benötigte Geld heraus.

In den Jahren nach dem Tod unserer Mutter fanden wir von Zeit zu Zeit ein solches »Versteck« und dachten dann jeweils schmunzelnd: *Wieder einmal ein Geschenk von Mom.* Aber am Ende waren wir sicher, dass wir sie nun alle entdeckt hatten.

Dann wurde vor ein paar Jahren der Mann meiner Schwester Kathy versetzt, sodass ihre Familie von unserem Heimatort im Bundesstaat Washington weit weg nach Texas ziehen musste. Zwar hielten wir übers Telefon den Kontakt aufrecht, aber als die Geburt meines Kindes bevorstand, vermisste ich meine Schwester so sehr, dass mich eine tiefe Traurigkeit befiel. Ein paar Wochen vor dem geplanten Kaiserschnitt gestand ich ihr: »Ich wünschte, du könntest hier bei mir sein, wenn das Baby kommt.«

»Mir geht es genauso«, seufzte Kathy. »Ich habe nur keine Ahnung, wie wir uns eine solche Reise jemals leisten können.«

»Schon gut«, erwiderte ich und biss mir auf die Lippen, denn ich wusste, wie sehr sie kämpfen mussten. »Verschwende bloß keinen Gedanken mehr daran, herzukommen. Es ist viel wichtiger, dass ihr gut über die Runden kommt!« Und als ich auflegte, sandte ich ein kleines Gebet zum Himmel: *Bitte hilf Kathys Familie finanziell!*

Aber dann, am Tag vor meinem Kaiserschnitt, ratet mal, wer da plötzlich vor meiner Tür stand? »Das mit den Rechnungen kriegen wir schon hin«, sagte Kathy und umarmte mich. »Jetzt ist erst mal wichtig, dass ich bei dir bin.«

Ich war überaus glücklich, sie zu sehen, machte mir aber zugleich Sorgen um sie, also betete ich weiter. Ein paar Tage später rief ihr Mann bei uns an: »Du wirst es nicht glauben«, sagte er. »Ich habe im Wohnzimmer ein Bild von der Wand abgehängt – und hinten im Rahmen steckte Geld! Tausend Dollar, genau der Betrag, den wir für unsere Rechnungen brauchen!«

»Mom!«, riefen Kathy und ich gleichzeitig aus. Und mit Freudentränen in den Augen umarmten wir uns, denn wir wussten jetzt, dass unsere Mutter mit ihren »geheimen Geldverstecken« immer noch für uns sorgte.

Ja, das war mit Sicherheit so, und auch *deine* Engel tun das für dich. Die Engel wussten, dass sich hinter dem Bild ein Geldversteck befand, daher sandten sie Kathys Mann die Eingebung, es dort »zufällig« zu finden. Wir können also bei all unseren Nöten auf den Himmel zählen.

Die Engel sagen: »Unsere Liebe zu euch ist so machtvoll, dass sie es uns erlaubt, die irdische Logik außer Kraft zu setzen, um euch Trost, Hilfe, Führung und Schutz zu gewähren. Unsere Methoden mögen euch vielleicht wundersam vorkommen, doch das wahre Wunder ist die göttliche Liebe, an der wir jeden Menschen teilhaben lassen wollen.«

Schreib noch heute einen Brief oder führe ein Gespräch mit deinen Engeln oder geliebten Verstorbenen – sie sind immer ganz in deiner Nähe.

Zeichen von Papa

Auch Väter zeigen uns nach ihrem Tod auf vielfältige Weise ihre Liebe, wie uns Debbie Benner aus Baltimore in der folgenden Geschichte mitteilt:

Als ich aufwuchs, war ich Daddys Liebling, aber ich war auch genauso dickköpfig wie er, was bisweilen kleine Streitereien provozierte. Anschließend versuchte mein Vater jedoch immer, die Wogen versöhnlich zu glätten, indem er für mich eine Vogelfeder fand. Während meiner ganzen Kindheit und bis in die Erwachsenenzeit hinein schien das immer alles wiedergutzumachen.

Dann, in meinen späten Zwanzigern, wurde mein Vater sehr schwer krank. Traurig und besorgt machte ich Spaziergänge, und jedes Mal fand ich dabei eine Feder! Und auch als Dad starb, hörten diese Funde nicht auf.

In den Wochen nach seinem Begräbnis fand ich einige der farbenfrohsten Vogelfedern, die ich je gesehen hatte. Sie tauchten an den merkwürdigsten Orten auf, oftmals aus heiterem Himmel direkt vor mir, doch immer gerade dann, wenn ich sie am nötigsten brauchte. Ich habe sie alle aufbewahrt, die Zeichen, die mir mein Vater vom Himmel gesandt hat. Bis zum heutigen Tag finde ich, wenn ich niedergeschlagen bin, ein weiteres Geschenk dieser Art von meinem Vater.

Ihr ganzes Leben lang waren die Federn von Debbies Vater ein Zeichen seiner Liebe für sie gewesen. Daher war es nicht ungewöhnlich, dass er und die Engel besonders farbenfrohe Exemplare an unüblichen Stellen platzierten, um sicherzustellen, dass Debbie diese Botschaften ohne Zweifel als solche erkennen konnte.

Die Engel senden oftmals vertraute persönliche Gegenstände, um uns zu trösten und zu ermutigen. Sie leiten sogar kurze Briefnotizen an uns weiter, wie Renee Lukawszek aus Toledo in Ohio schreibt:

Als ich meinen Dad bei einem Autounfall verlor, war ich untröstlich. Ich hatte nicht einmal Gelegenheit, »Ich hab dich lieb« zu sagen oder mich von ihm zu verabschieden. Er war einfach weg.

Eine Woche nach der Beerdigung nahm ich wieder meine Arbeit als Verkäuferin in der Kinderabteilung eines Geschäfts auf. Es war schwer für mich, dort all die Kinder mit ihren Dads zu sehen, und ich sehnte mich nach der Nähe meines eigenen Vaters.

An jenem Tag kam eine Frau zu uns ins Geschäft. Ich hatte sie nicht hereinkommen sehen – das wäre mir aufgefallen, denn da war kein anderer Kunde weit und breit.

»Kann ich Ihnen helfen?«, fragte ich.

Sie sagte, sie wolle einige Kleider umtauschen.

»Haben Sie noch den Kassenbeleg?«, fragte ich.

»Ja«, erwiderte sie, zögerte aber, ihn mir auszuhändigen. »Allerdings steht auf der Rückseite eine persönliche Notiz«, erklärte sie.

»Ich brauche den Beleg nur, um den Umtausch durchzuführen«, sagte ich. »Anschließend bekommen Sie ihn wieder zurück.« Ich wandte mich der Kasse zu und nahm den Umtausch vor, dann heftete ich die Kassenzettel aufeinander. Aber als ich mich umdrehte, um sie der Kundin zurückzugeben, war sie verschwunden. *Das ist ja merkwürdig,* dachte ich.

Ich legte die Quittungen in die Kassenschublade, hatte dabei jedoch eine plötzliche Eingebung: *Sieh auf der Rückseite nach!* Und ich staunte nicht schlecht: Dort stand eine Notiz in der Handschrift meines Vaters, und als ich sie las, stiegen mir Tränen in die Augen: »Ich liebe und vermisse dich. Dad.«

Ich nahm den kostbaren Beleg an mich und dankte im Stillen der geheimnisvollen Frau, denn ich wusste nun, dass sie mir eine Liebesbotschaft meines Vaters überbracht hatte.

Wenn es die Situation erfordert, können Engel menschliche Gestalt annehmen, und es ist sehr wahrscheinlich, dass die Frau in Renees Geschäft einer dieser »inkarnierten Engel« war. Alle typischen Anzeichen sprechen dafür: ihr plötzliches Erscheinen und Verschwinden, die überbrachte Botschaft und die kurzen Zeilen einer Liebesbezeugung an Renee in der Handschrift ihres Vaters.

Die Engel sagen: »Wie die Sonne herniederscheint, um eure Körper zu wärmen, so lasst es auch zu, dass unsere Fürsorge eure Herzen erwärmt. Wir kümmern uns um das Wohl eurer lieben Verstorbenen, und sie sind glücklich und geborgen. Wann immer ihr Zuspruch von jemandem braucht, sei es von einer Person auf Erden oder im Himmel, ruft uns, und wir tun alles Übrige.«

Bitte die Engel um ein Zeichen der Liebe von deinem Vater und achte dann auf die Botschaften, die dir gesandt werden.

Weihnachtsbesuch vom geliebten Vater

In Zeiten großer Sorge stehen unsere Schutzengel und geliebten Verstorbenen bereit, um uns Hilfe, Schutz und Unterstützung zu gewähren, wie Shantel Bothwell aus Twin Falls in Idaho erfahren durfte:

Es war zur Weihnachtszeit 2002, aber ich war nicht in Festtagsstimmung, sondern vielmehr nervlich am Ende. Am darauffolgenden Morgen sollten mein Mann, den ich gerade geheiratet hatte, und ich vor Gericht erscheinen, um die Sorgerechtsfrage mit dem leiblichen Vater meines 22 Monate alten Sohnes Dylan zu klären.

Allein der Gedanke, vor Gericht zu erscheinen, belastete mich ungemein. *Wenn doch mein Dad hier wäre*, dachte ich, als ich in mein Elternhaus in Kalifornien trat. Leider war er drei Jahre zuvor gestorben.

In der folgenden Nacht wachte ich auf und sah Dylan neben meinem Bett stehen. »Mommy, komm«, sagte er und zog mich an der Hand.

»Du sollst doch schlafen«, erwiderte ich gähnend und packte ihn wieder in sein Bettchen. »Morgen müssen wir früh aufstehen.«

Doch bereits einen Augenblick später stand er wieder da. »Komm, komm!«, wiederholte er. Schließlich gab ich nach. Mein Kleiner führte mich den Korridor hinunter zum Wohnzimmer.

»Willst du hier drin schlafen?«, fragte ich ihn. Ich nahm

ihn auf den Arm und sang ihm vor dem unbeleuchteten Weihnachtsbaum ein Lied vor.

Plötzlich streckte Dylan seine Ärmchen zum Baum hinter mir aus und rief: »Opa Engel!« *Wie bitte?*, dachte ich und wandte mich rasch in diese Richtung, wo ich gerade noch einen Lichtschein über die Wand huschen sah. Doch Dylan strampelte, wand sich in meinen Armen, damit ich ihn auf den Boden stellte, und forderte: »Bett jetzt.«

Ich werde nie wissen, was Dylan in jener Nacht sah. Aber mit Tränen in den Augen und Frieden im Herzen wusste ich, dass mein Dad bei mir gewesen war, um mich zu trösten, und dass am nächsten Tag im Gerichtssaal alles gut gehen würde. Und so war es dann auch.

Aber es geht noch weiter: Anfang des Jahres las ich in der Schutzengel-Kolumne von *Woman's World* die Geschichte »Zeichen von Papa«. *Sie erinnert mich an unseren »Opa Engel«*, dachte ich lächelnd, so wie immer, wenn ich die Berichte der Menschen las, die Zeichen von geliebten Verstorbenen erhalten haben.

Als Abschluss der Geschichte schrieb Doreen: »Auch du kannst um Zeichen eines geliebten Verstorbenen bitten. Bete einfach darum, äußere deine Bitte mündlich oder schriftlich.« Und obgleich ich daran zweifelte, ob auch ich ein Zeichen erhalten würde, bat ich meinen Vater darum.

Ich blätterte weiter in der Zeitschrift, aber etwas in mir brachte mich dazu, immer wieder zu der Kolumne zurückzukehren. *Vielleicht sollte ich ja meine Geschichte einsenden,* dachte ich. Und dann fiel mein Blick auf die Adresse von *Woman's World:* 270 Sylvan Avenue, und mir lief ein Schauer über den Rücken: Sylvan war der Vorname meines Vaters! Hier hatte ich mein Zeichen.

Sorge und Stress können unser Bewusstsein vor der liebenden Fürsorge des Himmels verschließen, doch Kinder haben eine ganz besondere Beziehung zu den Engeln. Mit ihrer Offenherzigkeit erkennen sie mühelos die göttlichen Weisungen, daher suchten sich die Engel Dylan als Mittler für ihre tröstliche Botschaft aus.

Nach diesem Erlebnis war Shantel offener dafür, die Hilfe ihrer Schutzengel anzunehmen. Sie vertraute ihrer inneren Stimme und erhielt rasch das erbetene Zeichen, das ihr die weitere Verbundenheit mit ihrem Vater bestätigte und ihr die Sicherheit gab, dass die Engel über sie und ihre Familie wachten.

Babys und Kinder haben besondere Fähigkeiten,
Engel zu sehen oder zu hören, denn sie sind sehr offen,
unvoreingenommen und voller Vertrauen.

6

Himmlische Zeichen

Wünschst du dir nicht manchmal, die Engel würden ihre Botschaften in schlichter, verständlicher Sprache schreiben und sie uns zum Lesen überreichen, damit wir ihre Nachrichten und Weisungen klar begreifen können? Aus irgendeinem Grund jedoch gehört es wohl zu Gottes Plan, dass die Menschen den Engeln auf halbem Weg entgegenkommen müssen.

Einer der wichtigsten Wege, über die der Himmel mit uns in Verbindung tritt, besteht darin, uns Zeichen zu senden – Botschaften, die wir mit unseren Sinnen wahrnehmen, sehen oder hören können. In der Regel senden die Engel dieselbe Botschaft so lange, bis wir ihre Bedeutung verstanden haben. Wenn du irgendetwas dreimal oder noch öfter siehst oder hörst, schenke diesem Vorkommnis besondere Aufmerksamkeit, denn es handelt sich dabei vermutlich um eine Botschaft von oben.

Die Engel schicken uns bisweilen Zeichen in Form von Liedern, die wir immer wieder hören. Achte auf die Texte, denn diese enthalten vielleicht eine Botschaft für dich. Vielleicht hat das Musikstück an sich schon einen besonderen Erinnerungswert und verbindet dich mit einem bestimmten verstorbenen Freund oder Angehörigen. Auf diese Weise empfängst du ein Liebeslied vom Himmel.

Andere, von den Engeln gesendete Zeichen sind flackernde Lichter, bewegte Gegenstände, Münzen oder Federn, die du zufällig findest, oder Regenbogen und Wolken in Gestalt eines Engels. Der Himmel kommuniziert mit uns auf vielfältige Art, wie du in den folgenden Geschichten lesen kannst.

Sehnst du dich nach einem Zeichen von deinen Engeln oder von verstorbenen lieben Angehörigen, so bitte darum! Dabei ist es ratsam, die Form dieses Zeichens nicht genau vorzugeben ... Lass dich vom Himmel überraschen. Aber bitte um Hilfe dabei, die Zeichen zu erkennen, den Botschaften zu vertrauen und sie zu verstehen. Denke immer daran: Deine Engel wollen dir bei *allem* helfen, auch beim Entschlüsseln schwer verständlicher Botschaften.

Zeichen der Liebe

Findest du ab und zu Münzen auf der Straße? Wenn das häufig vorkommt, kann es bedeuten, dass ein Mensch, der dich liebt, Verbindung mit dir aufzunehmen versucht, wie die Geschichte von Jeannette McDermott aus Stuyvesant, New York, uns zeigt:

»Wozu sammelst du denn all diese Gummibänder?«, fragte ich meinen Mann Peter immer wieder.

»Vielleicht brauche ich sie eines Tages«, erwiderte er dann schmunzelnd.

Ich konnte diesen Spleen nicht verstehen, aber er störte mich auch nicht weiter – bis Peters Gummibänder schließlich eine ganze Schublade im Küchenschrank füllten. Genervt warf ich sie alle fort. Mein Mann lachte nur und sammelte weiter.

Vor einem Jahr starb Peter. Tieftraurig dachte ich: *Keine Gummibänder mehr, kein Lachen, keine Liebe.*

Ein paar Wochen später – auf einem Spaziergang mit meiner Enkelin – sah ich zwei Gummibänder auf dem Trottoir liegen. »Sieh mal«, sagte ich und zeigte darauf. Eine Freundin hatte mir mal erzählt, geliebte Verstorbene würden den Hinterbliebenen oftmals Zehn-Cent-Stücke senden, um ihnen mitzuteilen: »Ich bin noch bei euch.« Konnten sie dann nicht auch Gummibänder schicken?

Als ich mich danach bückte, sagte ich daher zu meiner Enkelin: »Vielleicht sind die Gummibänder ja ein Zeichen von Grandpa.«

»Oh, Grandma«, erwiderte sie, »solche Gummibänder sind doch immer um die Zeitungen gewickelt.«

Vielleicht hat sie ja recht, dachte ich seufzend. Aber später an jenem Tag, als ich aus meinem Auto stieg, fand ich direkt neben meinem Fuß ein glänzendes Zehn-Cent-Stück – und daneben ein Gummiband!

Ich war überglücklich, denn jetzt wusste ich ganz sicher: Peter sendet mir eine Botschaft! In den darauffolgenden Tagen entdeckte ich überall Gummibänder und Zehn-Cent-Stücke: auf Stuhlkissen, in meinem Wagen, ja sogar in den Taschen meiner Kleidung! Und statt nun die Gummibänder wie einst wegzuwerfen, bin *ich* es nun, die sie als tröstliche Erinnerungsstücke an die Liebe meines Mannes sammelt. Jetzt weiß ich, dass die Liebe, die mich und Peter verband, alle Zeiten überdauert.

Welch ein schönes Beispiel für die immerwährende Macht der Liebe. Jeannettes Freundin hatte ihr gesagt, der Himmel sende oftmals Münzen als Trost. Und als Jeannettes Mann ein Zehn-Cent-Stück mit seinem heiß geliebten Sammelobjekt kombinierte, wusste er, seine Frau würde seine Botschaft begreifen: »Das sind echte Zeichen von mir. Vertraue darauf.«

Auch *du* kannst um ein Zeichen bitten. Lass dem Himmel diesbezüglich einfach freie Wahl. Deine Intuition wird dir sagen, ob das Zeichen echt ist, und wenn du noch Zweifel hegst, dann bitte einfach um weitere Signale.

Die Engel sagen: »Wir haben Freude am Kontakt mit euch. Einige Zeichen seht ihr, andere hört ihr und wieder andere fühlt ihr in eurem Herzen. Alle sind gleich bedeutsam. Je deutlicher ihr erkennt, dass es uns wirklich gibt und dass wir euch lieben, umso gesünder, friedlicher und freudvoller wird euer Leben.«

Die Engel stehen dir bei, dein Leben erfüllter zu gestalten, und sie möchten gerne, dass du sie um Hilfe bittest!

Regenbogen und Rosen

Wie kannst du sicher sein, dass es sich bei etwas, das du dafür hältst, wirklich um ein himmlisches Zeichen handelt? Nun, Julie Miller aus Hudson in Ohio bat um ein einzelnes Zeichen und erhielt eine Fülle davon:

Ich stand meiner Großmutter, die an Diabetes litt und herzkrank war, sehr nahe. Als sich ihr Zustand verschlechterte, besprachen Grammy und ich, wie sie mir vom Himmel ein Zeichen senden könnte, wenn ihre Zeit einmal gekommen war.

»Wie wäre es mit einem Rosenstrauch?«, schlug ich vor.

Doch Grammy befürchtete, dass es vielleicht nicht möglich wäre, mir im Winter einen Rosenstrauch zu schicken, also einigten wir uns auf einen Regenbogen als persönliches Zeichen.

Am Tag ihrer Beerdigung arbeitete ich in meinem Garten und versuchte mich davon abzulenken, wie sehr ich sie vermisste. Auf einmal begann es zu regnen – aber nur direkt über mir! *Das kann nicht sein!,* dachte ich und blickte mich um. Aber so war es – kein anderer Teil meines Gartens hinter dem Haus wurde nass! Und als ich aufsah, sah ich ihn: einen riesigen, strahlenden Regenbogen, der sich über den ganzen Himmel erstreckte!

Ungläubig vor Staunen weinte ich Freudentränen, denn Grammy hatte mir ein Zeichen gesandt. Aber dabei blieb es nicht. Ihr nächstes Zeichen erhielt ich auf dem Weg zur

Praxis meines Arztes. Die Untersuchungen bei der Schwangerschaftsvorsorge hatten ein mögliches Problem bei meinem Baby ergeben und ich betete im Stillen: *Bitte mach, dass alles gut wird!* Plötzlich wurde meine Aufmerksamkeit wiederum zum Himmel gelenkt, und dort erblickte ich einen doppelten Regenbogen. Später an diesem Tag erfuhr ich, dass mit meinem Baby alles in Ordnung war – aber das hatte mir Grammys Regenbogen bereits prophezeit.

Ein paar Wochen später bemerkte ich einen dornigen Stamm, der in meinem Garten Wurzeln schlug. Ich hatte keine Ahnung, um was für eine Pflanze es sich dabei handelte. Neugierig, was daraus werden könnte, ließ ich sie wachsen, und im nächsten Sommer blühte hier ein üppiger Wildrosenstrauch. *Woher stammt er nur?,* fragte ich mich. Es gab sonst keine Rosen in meinem Garten. Dann aber musste ich laut herauslachen, denn plötzlich war mir sonnenklar: Er war mir von Grammy gesandt worden! Sie hatte eine Möglichkeit gefunden, mir sowohl Regenbogen als auch Rosen zu schicken!

Julie und ihre Großmutter hätten sich keine besseren Zeichen aussuchen können! Der Regenbogen, ein Symbol der Hoffnung, und Rosen, ein zeitloser Ausdruck der Liebe, werden oft von den Engeln und von unseren geliebten Verstorbenen ausgewählt, um uns zu sagen: »Ich liebe dich«, »Bitte sorge dich nicht um mich«, oder: »Ich werde stets bei dir sein.« Und genau das sollten Grammys Zeichen auch Julie mitteilen. »Ihre Zeichen aus dem Himmel ließen keine Zweifel zu«, erklärte Julie.

Die Engel sagen: »Wir überbringen euch ständig Botschaften der Liebe. Manche von ihnen entdeckt ihr, andere aber bleiben unbemerkt. Selbst wenn ihr die Zeichen nicht wahrnehmt oder sie nicht für echt haltet – ihr spürt sie dennoch tief in eurem Herzen, und sie erinnern euch daran, dass ihr nie allein seid und für immer aufrichtig geliebt werdet.«

Die Engel kennen und erfüllen deine tiefsten Wünsche und Gebete, ganz gleich, ob du sie denkst, niederschreibst oder laut äußerst. Die Antwort entspricht vielleicht nicht gänzlich deinen Erwartungen, doch geschieht dies stets in einer liebevollen Art und Weise.

Ein letztes Lächeln

Liebe währt ewig! Lisa DiGenova wollte nur noch einmal das Lächeln ihres Mannes sehen. Was dann geschah, wird dich zum Staunen bringen:

Als mein Mann Phil im Alter von 42 Jahren plötzlich starb, war ich am Boden zerstört. Ich hatte ihn mit 18 Jahren kennengelernt und wir hatten die vergangenen 18 Jahre gemeinsam verbracht. Ich hatte keine Ahnung, wie es ist, allein zu sein. Wie sollte ich die Rechnungen bezahlen? Konnte ich unsere Kinder, zwei Teenager und ein Kleinkind, allein aufziehen?

Kurz darauf feierten wir ohne Phil den vierzehnten Geburtstag unseres Sohnes; die raue Wirklichkeit einer alleinerziehenden Mutter wurde mir voll bewusst und ich vermisste meinen Mann besonders schmerzlich. Zwar versuchte ich, fröhlich zu bleiben, doch den ganzen Tag über betete ich ständig: *Oh, Phil, wenn ich doch nur noch ein einziges Mal dein lächelndes Gesicht sehen könnte!*

Als wir an jenem Abend um den Küchentisch herumsaßen, »Happy Birthday« sangen und den Geburtstagskuchen anschnitten, machte mein Sohn Polaroid-Schnappschüsse. Er betrachtete eine soeben gemachte Aufnahme und hielt dann plötzlich gebannt die Luft an. »Mom«, sagte er mit zitternder Stimme. »Sieh mal!«

Da sah ich, vollkommen perplex und mit Tränen in den Augen, wie auf dem Foto allmählich, aber deutlich und zweifellos, das Bild meines Mannes sichtbar wurde! Phil stand lächelnd und mit verschränkten Armen neben dem Hochstühlchen unserer kleinen Tochter. Als ich sein wunderbares Lächeln sah, brachte es mein Herz vor Liebe zum Schmelzen.

»Euer Dad ist hier bei uns!«, flüsterte ich, denn ich wollte diesen wundersamen Anblick mit den Kindern teilen. Ehrfürchtig und weinend reichten wir das Bild herum. Bald begann Phils Gestalt auf dem Foto wieder zu verschwinden, doch erst, nachdem alle ihn gesehen hatten. Beim Verblassen blieb ein kleiner heller Fleck auf dem Foto zurück, und da wurde mir bewusst, dass dieses wunderschöne himmlische Geschenk unser Leben vollkommen veränderte.

Ich fühlte mich nicht länger von Trauer überwältigt und hoffnungslos. Jetzt, da ich wusste, dass Phil immer noch bei uns weilte, war ich sicher: Alles würde gut. Und so war es dann auch: Ich bekam eine Stelle als Vorschullehrerin, und die Kinder sind gesund, glücklich und erfolgreich. Meine Gebete wurden mit einem Lächeln erhört.

Wenn ein geliebter Mensch plötzlich stirbt, ohne ein letztes »Auf Wiedersehen« und »Ich liebe dich«, dann fühlen wir uns ruhelos und unerfüllt. Wir sorgen uns, ob der geliebte Mensch im Himmel glücklich ist. Und vielleicht können wir, ebenso wie Lisa, unser Leben gar nicht mehr mit voller Kraft weiterleben.

Obgleich Phils Lächeln nur kurz erschien, war es lange genug, um die heilende Wirkung zu erzielen, die Lisa brauchte. Es gab ihr die Sicherheit, dass ihr Mann glücklich war, und da wusste sie, dass sie es auch wieder sein würde. Es gibt viele Berichte von Engelserscheinungen auf Fotos: manchmal als Lichtkreise, andere Male, wie in Phils Fall, mit erkennbaren Gesichtern und Körpern. Denkt immer daran: Es ist der Wunsch der Engel und eurer Lieben, dass wir uns geliebt und geborgen fühlen.

Die Engel sagen: »Wenn ihr um einen geliebten Verstorbenen trauert, dann denkt an die vielen glücklichen Erinnerungen, die ihr gemeinsam habt. Die gegenseitige Liebe in euren Seelen besteht ewig. Ruft uns an, wenn ihr ein echtes Zeichen dieser Liebe braucht, und bleibt aufmerksam. Botschaften können in sehr unterschiedlicher Form erfolgen.«

Bitte die Engel, auf Fotos zu erscheinen, und achte dann auf Lichtkreise und andere sichtbare Formen auf den Fotos, die du aufnimmst.

Erhörte Gebete

Die Engel senden uns klare Zeichen, um uns mitzuteilen, dass unsere Gebete erhört werden, wie Catherine Policastro aus Whiting in New Jersey in der folgenden Geschichte berichtet:

Als Jeff, mein ältester Sohn, mir mitteilte, seine Ärzte hätten einen vierteldollargroßen Fleck auf seiner Lunge entdeckt, erschrak ich zutiefst. Jeff, gerade mal 28, hatte schon als Teenager zu rauchen begonnen, und obgleich seine Ärzte ihre Befürchtungen herunterspielten, waren sie zu 90 Prozent sicher, dass es sich um Krebs handelte.

Ich betete inständig zu Gott, ihn zu verschonen. Ein paar Tage vor Jeffs Operationstermin, als ich einmal mehr ins Gebet versunken war, sah ich ein Bild vor mir: einen Halbkreis von Engeln in langen weißen Gewändern. Einer trat vor und eröffnete mir eine Vision meines Sohnes auf dem Operationstisch, umgeben von sieben Ärzten. Hinter ihnen stand der Halbkreis aus Engeln, die mir auf diese Weise anzeigten, dass sie Jeff in der kommenden Operation beistehen würden.

Nach dieser Vision fühlte ich mich getröstet und hoffnungsvoll, doch am Morgen der Operation geriet ich auf dem Weg ins Krankenhaus in einen Verkehrsstau und kam völlig aufgelöst dort an. »Die Operation ist schon vorbei«, teilte mir meine Schwiegertochter zur Begrüßung mit. »Es war kein Krebs!«

Mit wachsendem Staunen hörte ich ihr zu, als sie mir weitere Einzelheiten von Jeffs Operation schilderte. Es waren tatsächlich sieben Ärzte im Operationssaal gewesen – sieben *verwunderte* Ärzte. Was immer der Fleck auf Jeffs Lunge gewesen war, er hatte sich irgendwie selbst zerstört. Die Chirurgen nannten es ein Wunder, und ich wusste, dass es tatsächlich eines war.

Der Himmel zeigte Catherine eine Vision von sieben Ärzten und den sieben Engeln, die ihnen dabei helfen wollten, ihren Sohn richtig zu behandeln, und so trösteten sie die Mutter in ihrer großen Sorge. Und als sie dann später erfuhr, was tatsächlich im Operationssaal abgelaufen war, bestand für sie kein Zweifel mehr, dass ihre Vision Wirklichkeit geworden war.

Die Zeichen der Engel gelangen nicht immer auf direktem Weg zu uns. Bisweilen senden die Engel diese Zeichen auch über einen Verwandten, eine Freundin oder sogar einen Kollegen, wie Karen Prescott aus Erie in Pennsylvania erzählt:

Ich wusste, dass ich den Geburtstag meiner Kollegin (und besten Freundin) Lori vergessen hatte, denn er war in eine Zeit gefallen, als ich mich gerade von einer Knieoperation erholte. Sobald ich allerdings wieder auf Krücken herumhinken konnte, kaufte ich ihr als Geschenk einen hübschen Kalender.

Noch bevor ich die Gelegenheit hatte, ihn ihr zu übergeben, starb Lori bei einem Autounfall. Ich fühlte mich schrecklich leer – und schuldig, dass ich ihren Geburtstag vergessen hatte.

Ein paar Tage später nahm mich Jack, ein anderer Kollege, beiseite. »Ich habe von Lori geträumt«, sagte er. »Sie hat mir eine Botschaft an dich mitgegeben: *Sag Karen danke für den Kalender.*«

Ich war sprachlos – denn ich hatte keiner Menschenseele gesagt, was ich für Lori gekauft hatte. Tränen stiegen mir in die Augen, als ich erkannte: Sie hatte einen Weg gefunden, mir mitzuteilen, dass sie mein Geschenk hochschätzte – und dass ihr unsere Freundschaft sehr viel bedeutete.

Wie Karen empfinden viele Trauernde Reue und Schuld, dass sie für ihre geliebten Verstorbenen nicht genug getan haben. Ich vermute, dass dieses Schuldgefühl Karen dabei im Weg stand, die Botschaft, die Lori und die Engel ihr übermitteln wollten, direkt zu erhalten. Also wählten sie den Weg über einen Kollegen.

Die Engel sagen: »Wir senden euch ständig Zeichen unserer allgegenwärtigen Liebe – manche von ihnen bemerkt ihr und manche nicht. Dennoch ist die Wirkung dieselbe, ob ihr euch nun der Zeichen bewusst seid oder nicht. Ihr seid stets sicher umschlossen von unseren Engelsflügeln und eingehüllt in die himmlische Liebe.«

Achte auf deine Träume und Visionen, denn sie enthalten oftmals Botschaften der Engel.

Das Traumauto unseres Sohnes

Wenn jene, die wir lieben, uns verlassen, sehnen wir uns nach Hinweisen, dass sie ihren Frieden gefunden haben. Und manchmal erhalten wir solche Zeichen an den ungewöhnlichsten Orten, wie uns die *Woman's-World*-Leserin Susie Snider aus Port Washington in Wisconsin mitteilt:

Als unser 32-jähriger Sohn Timm plötzlich nach einem 90-minütigen Fußballspiel an Herzrhythmusstörungen starb, waren mein Mann Don und ich untröstlich. Und ein Jahr später empfanden wir immer noch eine tiefe Traurigkeit. Eines Tages machten wir gemeinsam einen Spaziergang im Park, redeten, weinten und dachten an Timm. Bevor wir den Park verließen, beteten wir um ein Zeichen, das uns wissen ließ: Es ging ihm gut.

Auf der Heimfahrt bemerkte mein Mann, dass im Rückspiegel plötzlich ein silberfarbener BMW auftauchte – das Traumauto unseres Sohnes.

»Sieh dir nur diesen Kerl an!«, rief Don und lenkte damit meine Aufmerksamkeit auf den Wagen, der uns überholte und gleich vor uns wieder einscherte. Erst dann konnten wir das Nummernschild entziffern, auf dem stand: *Bin OK 7.* Der Wagen blieb ein oder zwei Minuten vor uns, und wir saßen wie betäubt in unserem Auto und starrten auf die Botschaft.

»Timms Nummer auf dem Fußball-Trikot war die Sieben«, fiel mir in diesem Augenblick wieder ein.

»Ich weiß«, erwiderte Don und nickte mit Tränen in den

Augen. Einen Moment später beschleunigte der Wagen und verschwand ebenso rasch, wie er aufgetaucht war.

Susies Mann hätte den silbernen BMW auch einfach abtun können – eben bloß als einen anderen Wagen. Doch die enge Verbindung mit seinem Sohn und das Gebet, das er und seine Frau kurz davor zum Himmel gesandt hatten, bewirkte, dass seine Aufmerksamkeit gesteigert war.

Bisweilen warten die Engel nicht darauf, dass wir sie bitten, Zeichen des Trostes – Regenbogen, engelförmige Wolken, Vögel, Schmetterlinge und Blumen – zu senden, um dem trauernden Herzen Erleichterung und Trost zu bringen. Und wenn wir diese Hinweise nicht wahrnehmen, dann senden sie uns individuellere Zeichen – zum Beispiel ein Lied, das wir mit dem geliebten Verstorbenen in Verbindung bringen –, und zwar so lange, bis wir die Botschaft erkennen.

Die Engel sagen: »Es ist normal, dass Menschen trauern, wenn ein geliebter Mensch sie scheinbar verlässt und zu uns ins Jenseits eingeht. Der Verstorbene spürt euren Schmerz sehr intensiv. Daher könnt ihr einem geliebten Verstorbenen ein unschätzbares Geschenk machen, wenn ihr euch in eurer Trauer trösten lasst. Wir senden euch Zeichen, um euch zu versichern, dass euer geliebter Verstorbener Ruhe gefunden hat.

Achte auf Autokennzeichen und Aufkleber, denn sie übermitteln oftmals persönliche Botschaften des Himmels.

Himmlische Zeichen der Liebe

Es ist eines der großen Geheimnisse des Lebens, warum manche Kinder *vor* ihren Eltern in den Himmel berufen werden. Dennoch finden die Engel Mittel und Wege, uns zu versichern, dass diese Kinder unter ihrer liebenden Obhut stehen, wie auch Annette L. Adams aus San Marcos in Kalifornien herausfand:

Wie viele autistische Kinder war meine Tochter Stacy auf einfache Gegenstände fixiert – beispielsweise auf sich drehende Kochtopfdeckel oder auf verschlungene Gummibänder auf dem Boden. Doch ihr Lieblingsgegenstand war ein kleiner dunkelblauer Ball. Wir waren sicher, dass ihr kleiner blauer »Freund« ihr dabei half, ihre Angst vor den Anfällen zu mildern, die sie täglich durchmachen musste.

Tragischerweise forderte ein solcher Anfall eines Tages Stacys Leben. Tieftraurig suchte ich überall nach ihrem kleinen blauen Freund, denn ich wollte, dass sie ihn bei sich hatte, wenn wir sie zur ewigen Ruhe betteten. Doch ich konnte den Ball nirgends finden. In den 22 Jahren, seit Stacy von uns ging, sind mein Mann und ich mehrmals umgezogen. Jedes Mal, wenn wir in ein neues Haus traten, dachten wir, dort würde es uns gelingen, glücklich zu werden, aber immer stellte sich heraus, dass unsere Hoffnung vergeblich war. Wir vermissten Stacy, und später ebenso unsere andere Tochter, Michele, die mittlerweile erwachsen war und mit ihrer eigenen Familie viele Stunden von uns entfernt wohnte.

Als wir letztes Jahr endlich in der Lage waren, näher zu Michele zu ziehen, hoffte ich sehr: *Vielleicht werden wir in diesem Zuhause endlich glücklich.*

Nur Tage nach dem Einzug, als ich durch unseren Garten hinter dem Haus spazierte, fiel mein Blick auf etwas: ein kleiner blauer Ball! Lächelnd hob ich ihn auf. Aber das war nicht einfach irgendein Ball – ich erkannte ihn als genau denselben, den Stacy einst so sehr geliebt hatte! Plötzlich war mein Herz voller Freude, und Tränen flossen mir über die Wangen, denn ich wusste: Stacy und die Engel wollten mir damit sagen, dass wir nun endlich unser glückliches Zuhause gefunden hatten, zumal wir nahe bei ihrer Schwester wohnten und unsere Enkel jeden Tag genießen konnten.

Annettes Tochter hatte an ihrem kleinen blauen Ball viel Freude gehabt. Daher wählten die Engel ihn als Zeichen, dass Annette nun endlich ihr Zuhause gefunden hatte.

Die Engel verwenden häufig Gegenstände mit persönlicher Bedeutung, wie diesen kleinen blauen Ball, um sicherzustellen, dass uns ihre Botschaften der Liebe erreichen, wie auch Mary Ann Doine aus Haven in Wisconsin schreibt:

Am 6. Dezember 1967 fiel mein 20-jähriger Bruder John in Vietnam. Der Verlust stürzte meine Eltern in tiefe Trauer, und die amerikanische Flagge wurde für sie zu einem wichtigen Symbol. Sie sorgten stets dafür, dass die Flagge auf Johnnys Grab immer wie neu aussah.

Jahre später, als meine Mutter im Sterben lag, wandte ich mich im Geist an Johnny: *Bitte lass Mom nicht allein!,* flehte ich ihn in stillem Gebet an. *Steh ihr bei, wenn sie in den Himmel kommt.*

Als ich nach der Beerdigung heimfuhr, betete ich um ein Zeichen, dass es ihr gut ging. Und als ich den Wagen in der Einfahrt parkte, traute ich meinen Augen kaum: Dort, mitten im Gartenbeet, das ich gerade fertig umgegraben hatte, steckte eine kleine amerikanische Flagge! Ich brach vor Dankbarkeit und Freude in Tränen aus und betete: *Danke für dieses Zeichen, dass es dir und Mom gut geht!*

Die kleine Flagge war ein Symbol der Liebe und des Trostes, als Antwort auf Mary Anns Gebet. Es war Johnnys Art zu sagen: »Mach dir keine Sorgen, Schwesterchen. Ich werde gut für Mom sorgen.«

Jeder von uns hat mindestens zwei Schutzengel, die uns persönlich zugeteilt sind und uns das ganze Leben hindurch begleiten.

Fragt eure Engel und sie werden antworten!

Die Engel sind eifrig darauf bedacht und bereit, jedem zu helfen, wie uns Angela Gambs aus Uhrichsville in Ohio in der folgenden Geschichte aufzeigt:

Von meinem 15. bis zum 24. Lebensjahr ging ich mit demselben Jungen aus. Josh und ich verlobten uns, kauften zusammen ein Haus, doch dann zerbrach unsere Partnerschaft auf schreckliche Weise. Dennoch blieb zwischen uns eine Bindung bestehen, von der ich gedacht hatte, sie werde für immer halten. Doch dieser Traum wurde 2003 zerstört, als er auf tragische Weise starb.

Zwei Jahre später hatte ich den Trauerprozess noch immer nicht bewältigt. Endlich beschloss ich, ihm einen Brief zu schreiben. Ich schüttete dem Papier mein Herz aus und schrieb: »Ich werde dich immer lieben.« Dann bat ich ihn, mir durch ein Zeichen mitzuteilen, dass er mir glaubte.

Später an diesem Tag nahm ich die Ausgabe der *Woman's World* vom 2. August zur Hand. Dort entdeckte ich eine Geschichte, in der die Mutter an ihre Tochter eine Botschaft der Liebe in Form eines besonderen Liedes sendet. Und als ich die Liedzeile »I love you a bushel and a peck« las, blieb mir vor Staunen die Luft weg: Es war genau das Lied, das Josh und ich uns jeden Tag vorgesungen hatten. Ich hatte also mein Zeichen!

Schön, dass Angela ein so deutliches Zeichen ihrer einstigen großen Liebe erhielt, nachdem sie die »Schutzengel-

Kolumne« gelesen hatte. Die Engel haben mir mitgeteilt, dass die Kolumne eine der Plattformen ist, auf der sie vielen Menschen Trost zukommen lassen. Und das funktioniert, wie Barbara Garneau aus Lowell in Massachusetts uns mitteilt:

Am Tag meiner Operation verstaute ich meinen Ehering und drei goldene Diamant-Armbänder zur sicheren Aufbewahrung in einem kleinen rosafarbenen Beutel. Doch als ich aus dem Krankenhaus zurückkam, war der Beutel verschwunden.

Jetzt ist es mir nicht mehr möglich, meinen Schmuck an meine Enkelinnen zu vererben, wie ich es geplant hatte!, dachte ich unter Tränen. Drei Monate später las ich gerade die »Schutzengel-Kolumne« und beschloss daher, die Engel um Hilfe zu bitten. Ich betete: *Bitte helft mir, meinen Schmuck wiederzufinden!* Keine zehn Minuten später sagte in mir *»etwas«*, ich solle den Tisch neben meinem Sessel ein Stück wegziehen – und dort, eingeklemmt in einer Ecke, steckte der kleine rosafarbene Beutel!

Barbara machte die beiden wesentlichen Schritte, die für ein Eingreifen der Engel erforderlich sind: Erstens bat sie um Hilfe; und zweitens folgte sie den Weisungen, die sie erhielt, hier also ihrem »Gefühl«, hinter dem Tisch nachzusehen – und dort fand sich ihr Schmuck!

Die Engel führen uns oft zu kleinen Fundstücken mit großer Bedeutung, wie Janis L. Huston aus London uns schreibt:

Meine Mutter, die vor zwei Jahren starb, war auch meine beste Freundin gewesen. Da ich als Amerikanerin in London lebte, hatte ich mich ganz auf die Anrufe meiner Mutter verlassen, die den Kontakt mit der Heimat aufrechterhielten. Durch Mom hatte ich vor ein paar Jahren auch *Woman's World* kennengelernt und die Zeitschrift abonniert, damit ich sie in England lesen konnte. Als ich dann die Geschichte über die Mutter las, die Zehn-Cent-Münzen sammelte, musste ich lächeln. Auch meine Mom hatte solche Münzen gesammelt, und seit ihrem Tod hatte ich auf Spaziergängen mit meinem Mann immer wieder welche gefunden. Selbstverständlich waren es in England immer britische Münzen gewesen.

Doch nachdem ich die Geschichte in der Kolumne gelesen hatte, fand ich ein glänzendes amerikanisches Zehn-Cent-Stück. In den sieben Jahren, die ich in London lebte, hatte ich noch nie eine amerikanische Münze gefunden. Ich hob sie voller Freude auf, denn ich wusste, Mom teilte mir dadurch mit, dass sie immer in meiner Nähe war.

Dieser unerwartete Münzenfund war ein von den Engeln arrangiertes himmlisches Zeichen – genau das, was Janis brauchte, um zu wissen, dass ihre Mutter noch immer bei ihr weilte! »Dank *Woman's World* erhielt ich eine Botschaft der Engel!«, sagt sie.

Du wünschst dir ein Zeichen der Engel? Bitte einfach darum ..., dann halte die Augen auf und vertraue auf das, was du siehst.

Ein Licht zur Weihnachtszeit

Unsere Engel wissen: Obwohl Weihnachten mit Freude verbunden ist, kann diese Zeit auch sehr belastend sein. Und so finden sie immer wieder Wege, uns zu trösten – wie Kathleen Mulcahy aus Sun City Center in Florida herausfand:

Vor drei Jahren, als mein Mann John starb, fehlte er mir schrecklich, besonders nachts. Während der gemeinsam verbrachten 58 Jahre hatten wir uns oft über das Leben nach dem Tod unterhalten und uns gegenseitig versprochen: Wer von uns zuerst die irdische Welt verlässt, wird dem anderen ein Zeichen senden, dass es ihm gut geht.

Doch nach Johns Tod war meine Trauer unermesslich. Ein paar Tage später saß ich während einer besonders schlimmen Nacht in unserem dunklen Schlafzimmer und weinte. Auf einmal ging meine kleine Nachttischlampe an und erhellte den ganzen Raum.

Das ist ja merkwürdig, dachte ich. Die kleine Lampe erinnerte mich an unser Versprechen, »in Verbindung zu bleiben«, und ich war ganz erfüllt von meiner Liebe zu John. Es sähe ihm nur allzu ähnlich, dass er genau dann zu mir käme, wenn es mir elend ging. *Vielleicht versucht er ja gerade, mir eine Botschaft zu schicken,* dachte ich. Ein paar Tage lang geschah nichts. Dann jedoch erfolgte ein wiederholtes Aufflackern der Lampe.

»John, bist du das?«, fragte ich flüsternd – und ein paarmal flackerte die Lampe wieder in auffälliger Weise, als gäbe sie Antwort. *Es ist tatsächlich John!,* dachte ich und mein Gefühl der Einsamkeit ließ nach. In den folgenden Wochen gab mir John weiterhin zu erkennen, dass er bei mir war: Wenn ich aus dem Haus ging, machte ich alle Lichter aus, und wenn ich wieder zurückkehrte, brannte jedes Mal die kleine Lampe, um mich willkommen zu heißen.

Und ich war nicht die Einzige, die John mit seinen Lichtern grüßte. Als meine Enkelin, die ihm sehr nahe stand, mich besuchte, ging plötzlich ebenfalls die Lampe an, als wollte sie »Hallo!« sagen. Dennoch war mir bewusst, dass die Feiertage trotz der »lichterfüllten« Präsenz meines Mannes nicht leicht würden.

Als ich an Heiligabend den Weihnachtsbaum schmückte und die Lichterkette aufgehängt hatte, sagte ich mit lauter Stimme zu ihm, als wäre er wirklich gegenwärtig: »John, ich werde jetzt die Lichter löschen, damit ich den Christbaumschmuck aufhängen kann.«

Während ich jedes einzelne Teil des Baumschmucks an seine Stelle hängte und von den Erinnerungen an vergangene Weihnachtsfeste fast überwältigt wurde, musste ich mir immer wieder ein paar Tränen abwischen. Ich hängte die letzte glänzende Kugel auf, und plötzlich gingen die Lampen an!

»Oh, John«, brachte ich weinend hervor. »Danke, dass du bei mir geblieben bist!« Seine Lichter versicherten mir, dass unsere Liebe mit seinem Tod nicht endete. Und das hat mir dabei geholfen, weiterzumachen und mich nicht länger allein zu fühlen.

Unsere geliebten Verstorbenen lieben uns auch weiterhin, und sie wollen auch nach ihrem Tod bei uns sein. Lampen flackern zu lassen ist eines ihrer Lieblingszeichen, um uns wissen zu lassen, dass sie bei uns sind.

Die Engel bringen ebenfalls Lampen zum Flackern. Und es gibt noch weitere Zeichen ihrer Anwesenheit: eine federleichte Berührung unserer Wange, ein Lied, das wir mit besonderen Erinnerungen verbinden, ein vertrauter Duft. Fast alles kann ein Zeichen sein, wenn es für uns Bedeutung hat. Und wenn Geist und Seele für die Zeichen offen sind, dann empfangen wir noch mehr davon!

Die Engel sagen: »Wir unterstützen euch bei euren Weihnachtsbitten und bringen jedem von euch Frieden auf ganz persönliche Art und Weise. Spürt unsere Anwesenheit und seid gewiss, dass ihr geliebt werdet und sicher und geborgen seid.«

Deine geliebten Verstorbenen sind im Himmel glücklich und stehen unter dem Schutz und der Fürsorge der Engel.

7

Engel finden verlorene Gegenstände

Für die Engel ist nichts verborgen oder wirklich verloren, denn sie kennen den Platz von allem und jedem. Da wir jedoch einen freien Willen haben, müssen wir sie zuerst um Hilfe bei der Suche nach verlorenen Gegenständen (oder Personen oder Haustieren) bitten, bevor sie eingreifen können.

Du kannst die Engel im Geist, durch ein gesprochenes Gebet oder schriftlich bitten, da die Form oder der Wortlaut deiner Bitte keine Rolle spielt. Es kommt nur darauf an, dass du ausdrücklich darum bittest. Nachdem du die Engel um Hilfe gebeten hast, werden sie dir auf eine der beiden Arten helfen:

Sie lenken deine Aufmerksamkeit auf den Ort des verlorenen Gegenstandes. Diese Führung wirst du durch einen Gedanken oder Einfall, durch eine Vision, durch Worte, die du hörst, oder durch starke Gefühle wahrnehmen. Es ist wichtig, dass du diesen Hinweisen folgst, denn sie dienen gleichsam als Straßenkarte, um das Gesuchte zu finden.

Eine unmittelbare Möglichkeit: Sie bringen den Gegenstand zu dir! Das heißt nicht, dass er durch die Luft angesegelt kommt oder plötzlich aus dem Nichts vor deinen Augen auftaucht, aber du wirst den Gegenstand an einem Ort finden, an dem du bereits mehrmals zuvor nachgesehen hast.

Ganz gleich wie, du wirst wissen, dass die Engel dir bei der erfolgreichen Suche geholfen haben – wie die Leserinnen und Leser von Woman's World in den folgenden Geschichten erfahren durften.

Nichts ist für die Engel je verloren

Hast du etwas für dich Wertvolles verlegt? Warum bittest du die Engel nicht um Hilfe, es wiederzufinden? Aus ihrer himmlischen Perspektive wissen sie genau, wo es sich befindet, und sie werden einen Weg finden, es zu dir zurückzubringen. Die Engel sind großartige Detektive! Wenn wir um ihre Hilfe bitten, führen sie uns zu dem Gegenstand, wie Lynda Jessup herausfand:

Meine Schwester Patsy war seit ihrer schweren Kinderlähmung mit elf Jahren an den Rollstuhl gefesselt. Ihre eingeschränkte Bewegungsmöglichkeit hinderte sie allerdings nicht daran, ihre künstlerischen Talente zu entwickeln, und eines davon bestand im Herstellen von wunderschönem Glasperlenschmuck. Vor drei Jahren fertigte sie für mich ein atemberaubendes Set: eine Halskette und Ohrringe, die ich wie einen Schatz hütete, und trotzdem verlor ich irgendwann einen der Ohrringe.

Als Patsy ein Jahr später plötzlich starb, war ich untröstlich. *Bitte sende mir ein Zeichen, dass es ihr gut geht,* betete ich. Eines Morgens kam mir ein seltsamer Gedanke: *Geh in die Kammer und sieh hinter dem Wäschesack nach!* Ich hatte keine Ahnung, wann ich diesen Sack zum letzten Mal benutzt hatte, fand aber keine Ruhe, bis ich ihn herausgeholt hatte.

Als ich den Inhalt auf mein Bett geleert hatte, stockte mir der Atem: Dort, verhakt in die Fransen eines kleinen Zierdeckchens, entdeckte ich meinen vermissten Ohrring! Tiefe

Freude erfüllte mich, denn ich spürte deutlich, dass meine geliebte Schwester bei mir war. Unter Freudentränen sagte ich laut: »Oh, Patsy, danke, dass du mir geholfen hast, meinen Ohrring wiederzufinden! Und dir, Gott, danke, dass du mir ein Zeichen gesandt hast.« An diesem Tag begann meine Seele zu heilen.

Manchmal schütteln wir die Ratschläge unserer Engel, die als Intuitionen erfolgen, einfach ab. Doch als Lynda ihrem Bauchgefühl folgte, fand sie ihre verlorene Kostbarkeit wieder – und gleichzeitig gewann sie Gewissheit über die Präsenz der Engel.

Die Engel sagen: »Nichts ist je wirklich verloren, sondern einfach nur verlegt. Wir können euch zu allen vermissten Gegenständen hinführen, wenn ihr uns nur den Auftrag dazu gebt.«

Erzengel Chamuel ist ein wunderbarer Helfer beim Finden verlorener Gegenstände. Rufe ihn an, wenn du etwas verlegt hast.

Wiedergefundene Erinnerungsstücke

Du kannst etwas nicht finden? Deine Engel wissen, wo es ist. Aus ihrer himmlischen Perspektive sehen sie alles – und wenn du sie darum bittest, dann führen sie dich geradewegs dorthin, wie Alesia Vassallo aus Lansdale in Pennsylvania schreibt:

Wenn ich vor einem gesellschaftlichen Anlass nervös bin, ziehe ich immer ein heißgeliebtes Paar Ohrringe an, die mir meine Mutter einmal geschenkt hat. Sobald ich sie trage, fühle ich mich irgendwie eingehüllt in die ermutigende Anwesenheit meiner Mutter.

Letztes Jahr trug ich sie bei einer Hochzeit, und der Tag wurde einfach wunderschön. Doch als ich mich abends auszog, merkte ich, dass ich einen der Ohrringe verloren hatte. *Bitte helft mir, ihn wiederzufinden!,* betete ich, als ich den Wagen und das ganze Haus durchsuchte. Mein Mann rief auch beim Country Club an, aber es nützte alles nichts.

Um mich aufzumuntern, bot mir mein Mann am nächsten Tag netterweise an: »Ich putze deinen Wagen innen aus.« Ein paar Minuten später kehrte er freudestrahlend zurück und schwenkte die letzte Ausgabe meiner *Woman's World.* »Sieh mal, was ich gefunden habe«, verkündete er. Und tatsächlich, dort an der Seite der »Schutzengel-Kolumne« steckte mein Ohrring! »Genau so habe ich beides vorgefunden!«, sagte er verblüfft. Staunend und erleichtert dankte ich meinen Engeln für den zarten Wink, dass ich immer unter ihrem Schutz stehe.

Wir stehen *wirklich* immer unter ihrem Schutz. Alesias Engel steckten ihren Ohrring als Hinweis darauf an die Seite der »Schutzengel-Kolumne«. Ich habe Hunderte von Geschichten erhalten, in denen Menschen – wie Alesia – die Engel baten, ihnen beim Wiederfinden von verlorenem Schmuck, Schlüsseln und Brieftaschen zu helfen, und sie bekamen stets wieder zurück, wonach sie gesucht hatten! Dazu muss man nur einmal Martha Hood aus Cottondale in Alabama befragen, die uns Folgendes schreibt:

Mehr als drei Jahrzehnte war ich mit Farris befreundet. Vor ein paar Jahren schenkte er mir ein ganz besonders schönes Armband: »Das soll dich daran erinnern, dass ich immer für dich da bin«, sagte er. Als er gestorben war, schien es meine tiefe Trauer zu lindern, wenn ich das Armband trug.

Dann bemerkte ich letzten Monat nach dem Lunch mit einer Freundin plötzlich: Mein Armband ist weg! Wir suchten überall, aber es half nichts. »Ich wünschte, Farris könnte mir sagen, wo es ist«, seufzte ich.

Plötzlich sagte mir eine innere Stimme: *Sieh mal zu deinen Füßen hinunter!* Ich tat es – und dort, in einer Spalte zwischen dem gefliesten Fußboden und einer hölzernen Stufe, steckte mein Armband. Ich weinte Freudentränen, denn ich wusste, dass mein guter Freund immer noch für mich da war. Nur war er jetzt einer meiner Schutzengel!

Die Engel sagen: »Wir sind glücklich, wenn wir euch wiederbringen können, was ihr verloren zu haben glaubt. Das gilt vor allem für ein ganz besonderes Erinnerungsstück, denn die Liebe, die ihr für den Menschen empfindet, der es euch gegeben hat, verbindet euch für immer mit diesem Menschen und mit dem Gegenstand. Ganz gleich, wie lange er schon vermisst ist: Wir werden euch helfen, ihn zu finden.«

Statt dich wegen eines verlegten Gegenstands zu sorgen, nimm dir einen Augenblick Zeit und bitte deine Engel um ihre Hilfe, ihn wiederzufinden.

Was immer du suchst, die Engel helfen dir dabei

Sandra L. Collingridge aus Pembroke in Massachusetts war berührt von einer Geschichte in *Woman's World*, die sie dazu inspirierte, ihre Engel um Hilfe zu bitten:

Letzten Spätherbst gab mir meine Mutter eine Ausgabe von *Woman's World*. Ich war vollkommen gefesselt von der »Schutzengel-Kolumne«. Und nachdem ich die Geschichte einer Frau gelesen hatte, die ein Schmuckstück verlegt hatte, kam mir eine Idee.

Meine Mutter hatte 15 Monate zuvor ihren Diamant-Verlobungsring sowie den Ehering verlegt. Wir waren damals alle gerade sehr in Sorge, weil sich mein Vater einer Operation unterziehen musste, und obgleich wir später alles absuchten, konnten wir die beiden Ringe nirgends finden.

Mom war schrecklich traurig über den Verlust dieser kostbaren Symbole ihrer Ehe. Und als Dad infolge einiger Komplikationen starb, war für sie der Verlust der unersetzlichen Ringe nur umso schmerzlicher. Aber wir hatten alles Menschenmögliche getan – nur nicht die Hoffnung nicht ganz aufgegeben, sie doch noch wiederzufinden.

Als ich jene Geschichte in der Kolumne las, flackerte wieder ein winziger Hoffnungsfunken in mir auf. *Wenn die Engel jener Frau helfen konnten, ihren Schmuck wiederzubekommen*, dachte ich, *warum dann nicht unseren?* Also bat ich: *Engel, könnt ihr uns dabei helfen, Moms Ringe wiederzufinden?*

Zwei Tage später rief meine Mutter an. »Ich habe meine Ringe wiedergefunden!«, rief sie überglücklich.

Erstaunt fragte ich: »Und wo waren sie?«

»In einem Paar nagelneuer Socken!«, erwiderte Mom.

In einem Paar Socken? Ich musste lachten. Und obgleich mir der Fundort sehr merkwürdig vorkam, war ich zutiefst dankbar, denn ich wusste genau, wer Mom zu ihren Ringen geführt hatte.

Obwohl das jetzt Monate her ist, bin ich immer noch ganz verblüfft, wie umsichtig und rasch die Engel meine Gebete erhört haben. Ich bin Doreen und *Woman's World* so dankbar. Vielleicht wird diese Geschichte jemand anderen dazu inspirieren, die Engel um Hilfe zu bitten.

Sandras Vater hatte sicher etwas zu tun mit diesem glücklichen Ausgang der Geschichte! Und vielleicht wurde der Schmuck an einem so ungewöhnlichen Ort »platziert«, damit die Familie das Wiederfinden keinesfalls als Zufall abtun konnte. Die Engel sind glücklich, uns jeden Gegenstand zurückzubringen. Es kommt nur darauf an, dass wir darum bitten, entweder indem wir die Bitte laut aussprechen, im Stillen beten oder unser Anliegen niederschreiben.

Die Engel sagen: »Selbstverständlich sind wir glücklich, wenn wir zwischen euch und einem geliebten Verstorbenen den Kontakt wiederherstellen oder euch einen Gegenstand wiederbringen können, der für euch ein Symbol der Liebe ist. Nichts, für das ihr Zuneigung empfindet, kann euch jemals wirklich verlassen. Wir warten auf eure Aufforderung, uns an der Suche zu beteiligen, wenn ihr euch für unsere Mithilfe öffnet.«

Deine Engel können dir dabei helfen, alles zu finden, wonach du suchst, unter anderem vermisste Gegenstände, einen wunderbaren Partner oder einen großartigen Job.

8

Erhörte Gebete

Alle Gebete werden von den Engeln gehört und beantwortet, denn das ist ihre Bestimmung. Es kann jedoch sein, dass wir diese Antworten nicht sofort erkennen, denn sie fallen oftmals anders aus, als wir es erwarten.

Daher ist es wichtig, dass wir voller Vertrauen und freudiger Erwartung die Geschenke der Engel annehmen, wie es uns die folgenden Geschichten zeigen.

Der Regenbogen-Bär

Wenn wir unsere Engel um Hilfe bitten, sind wir vielleicht bisweilen überrascht, wie sie unsere Gebete beantworten – wie Patty Patrignelli aus Monroe, New York, in dieser Geschichte erzählt:

Jedes Jahr machen mein Mann und ich mit unseren Kindern einen Kurzurlaub in einem Vergnügungspark. Einmal schlenderten wir durch den Bereich der »Schießstände«, wo sich die Kinder in einen der Preise verliebten: einen riesigen Regenbogen-Bären. Sie bettelten so lange, bis mein Mann sich überreden ließ, ihn für sie zu gewinnen, doch er versuchte es vergeblich und zahlte 20 Dollar dafür.

Ich hatte den Kindern immer gesagt, sie sollten ihre Engel um Hilfe bitten, und an diesem Abend fragte mein Sohn Tony: »Mom, können die Engel uns dabei helfen, den Bär zu gewinnen?«

»Natürlich«, versicherte ich ihm. Alle drei Kinder beteten um die Hilfe der Engel, und mein Mann versuchte tapfer noch einmal sein Glück. Doch nachdem er diesmal 40 Dollar verloren hatte, gaben wir uns geschlagen und gingen ins Hotel zurück.

Weil ich die Enttäuschung meiner Kinder bemerkte, sagte ich zu ihnen: »Versucht es weiter mit den Engeln. Ihr wisst nie, wie ihre Pläne aussehen.« Ich hatte in diesem Moment ja keine Ahnung, dass ich bald noch erstaunter sein würde als alle anderen!

Als wir auf dem Parkplatz zu unserem Wagen gingen, sahen wir einen Jungen im Teenageralter, der denselben Bären hielt, den die Kinder sich so sehr gewünscht hatten. »Wie hast du denn den gewonnen?«, fragte ich.

»Ach«, sagte er lächelnd. »Ich habe eben einfach viel Glück.« Dann wandte er sich an die Kinder und fragte: »Wollt ihr den Bären mit nach Hause nehmen?«

»Ja!«, riefen sie alle begeistert und umarmten den Stoffbären voller Freude. Nachdem wir uns bei dem Jungen bedankt hatten, stiegen wir in unseren Wagen ein. Plötzlich sahen wir auf dem Parkplatz eine Rolle mit drei Zwanzig-Dollar-Noten auf uns zurollen – genau die Summe, die wir bei dem Versuch ausgegeben hatten, den erhofften Preis zu gewinnen!

Patty ermutigte ihre Kinder, darauf zu bauen, dass Gebete immer erhört werden, und die Engel bewiesen, wie wahr das ist! Der Bär hatte ein Fell in den Regenbogenfarben – der Regenbogen gilt als ein uraltes Symbol göttlicher Liebe; er war also ein perfektes Geschenk der Engel, ebenso wie die Erstattung des Geldes in genau der Höhe, die der Vater ausgegeben hatte, um den Preis zu gewinnen! Diese Geschichte bietet ein deutliches Beispiel dafür, dass man die Hilfe der Engel einfach erbitten muss!

Die Engel sagen: »Die Gebete von Kindern sind besonders schön, weil sie so klar ausdrücken, was sie sich wünschen, und ihr Herz ist dabei voller Vertrauen und Hoffnung.«

Vertrauensvoller Glaube beschleunigt die Antworten auf deine Gebete. Bitte die Engel, deine Gebete rasch zu erhören, wenn es zu lange dauert.

Die Lebensmittel-Engel

Es gibt alle möglichen Arten von Engeln, und nicht alle haben Flügel – wie Dorothy O. Liles aus Laurel Hill in North Carolina in der folgenden Geschichte beschreibt:

1961 durchlebte unsere Familie eine sehr schwierige Zeit. Ich befand mich im Schwangerschaftsurlaub und erwartete unser viertes Kind. Und mein Mann war krank und arbeitslos.

Da die unbezahlten Rechnungen und die Arzneikosten sich immer weiter summierten, machten wir uns sehr große Sorgen. Und eines Tages, als ich in den Kühlschrank sah, gab es darin fast nichts mehr zu essen, nur ein wenig Hackfleisch und eine halbe Packung Haferflocken.

»Was sollen wir machen, ohne Brot?«, fragte mein Mann.

»Das geht schon«, erwiderte ich und klang dabei überzeugter, als ich es tatsächlich war. »Ich mische das Hackfleisch mit den Haferflocken, um es zu strecken.«

Erst nachdem mein Mann aus dem Zimmer gegangen war, ließ ich den Tränen freien Lauf. In tief bedrückter Stimmung formte ich die Frikadellen und dachte bei mir: Ich habe nicht einmal mehr Worte zum Beten. Also flüsterte ich die vertrauten Worte: »Unser tägliches Brot gib uns heute ...«

In diesem Augenblick klopfte jemand an die Tür. Eine Frau aus meiner Arbeit stand auf der Schwelle – mit zwei Tüten im Arm. »Ich hoffe, es ist Ihnen nicht peinlich«, sagte sie, »aber als ich Lebensmittel einkaufte, passierte mir etwas sehr Merkwürdiges: Gerade als ich Brot in meinen Einkaufswagen legen wollte, kam mir der Gedanke, dass ich auch einen oder zwei Laib für Sie kaufen könnte. Ich habe mir auch erlaubt, noch ein paar andere Dinge beizufügen und ein paar Süßigkeiten für die Kinder.«

Mit Tränen der Dankbarkeit nahm ich ihr großzügiges Geschenk an. Ein paar Minuten später fasste sich unsere Familie bei der Hand und sagte ein Dankgebet.

Doch kurz darauf plagten uns schon wieder die nächsten Sorgen: Und was wird morgen?

»Der Himmel wird schon für uns sorgen«, versicherte ich meiner Familie mit neu gewonnener Zuversicht. »Selbst wenn die Engel sich dabei an den Präsidenten der Vereinigten Staaten wenden müssen!«

Am nächsten Morgen, als die Kinder zur Schule gegangen waren, stand eine Frau vor unserer Tür. »Ich komme im Namen der Vereinigung junger Unternehmer«, erklärte sie. »Wir haben gehört, dass Sie eine schwere Zeit durchmachen, deshalb möchten wir gerne helfen.«

Ich musste ein paarmal hin- und hergehen, um all die Lebensmittel hereinzutragen, die sie uns gebracht hatte. Auf dem Tisch und den Stühlen, in den Schränken und auf dem Fußboden stand alles voll: große Packungen Mehl, Reis, Zucker und vieles andere. Ich dankte der Frau mit Tränen in den Augen und machte die Tür zu. Erst dann bemerkte ich, dass auf jeder Packung die Worte standen: Nahrungsüberschuss-Programm, angeordnet von John F. Kennedy, Präsident der Vereinigten Staaten!

Meine Kinder sind inzwischen erwachsen und ich bin Urgroßmutter, aber ich habe diesen Tag nie vergessen und auch nicht, wie der Himmel seine irdischen Engel sandte, um uns mit unserem täglichen Brot zu versorgen.

An Dorothys Geschichte lässt sich wunderschön ablesen, wie der Himmel manchmal ganz normale Menschen dazu bringt, als irdische Engel zu handeln. Sie zeigt auch: Wenn wir mit starken, aufrichtigen Gefühlen und einer klaren Vorstellung von dem, was wir wollen, beten, dann werden diese Gebete sehr rasch erhört. Und die Gebete von Müttern für ihre Kinder scheinen im Himmel oberste Priorität zu genießen.

Dorothy sagte dem Himmel nicht etwa, sie brauche Geld, um Essen zu kaufen. Sie bat einfach um Nahrung. Das ermöglichte dem Himmel ein rasches Handeln, indem er den irdischen Engeln die richtigen Gedanken eingab: Und sie lieferten, was benötigt wurde.

Die Engel sagen: »Wenn ihr müde oder voller Sorgen seid, könnt ihr die Stimmen und unseren Rat nicht immer hören. Darum sprechen wir oftmals durch andere zu euch. Bisweilen flüstern wir die Antwort einer anderen Person ein, die euch diese Worte dann direkt weitersagt. Ein andermal bringen wir jemanden dazu, auf eine Art zu helfen, die euch wissen lässt, dass euch die Engel nahe sind. Wann immer ihr betet, haltet euren Geist offen, damit ihr unsere Antworten hört. Eure Gebete sprießen zunächst wie winzige Setzlinge. Wenn ihr euch mit Glauben und geleitetem Handeln um sie kümmert, dann werdet ihr bald eine Rekordernte haben.«

Wenn du die Intuition verspürst, jemandem helfen zu wollen, dann nimmt der Himmel vermutlich gerade deine Dienste als irdischer Engel in Anspruch.

Telefonanruf von einem Engel

Brauchst du eine Arbeit? Engel betreiben eine Arbeitsvermittlung, die »nicht von dieser Welt« ist, wie die Leserin Margaret-Ellen Johnson aus erster Hand erlebte:

Wir wohnten in San Antonio und ich war 15 Jahre lang Hausfrau gewesen, als mein Mann erfuhr, dass er bald entlassen würde. Als einstige Sekretärin war ich mir sicher, dass meine beruflichen Kenntnisse noch immer gefragt wären, daher beruhigte ich meinen Mann: »Mach dir keine Sorgen. Dann gehe ich eben arbeiten.«

Aber es war nicht so leicht, wie ich gedacht hatte. Obgleich meine Fähigkeiten immer noch up to date waren, schien keiner daran interessiert, mich einzustellen, sodass ich mir allmählich Sorgen machte. Was sollten wir tun, wenn der Gehaltsscheck meines Mannes ausblieb?

Schließlich hörte ich von einer wirklich guten Stelle. Doch obgleich ich wusste, dass das Vorstellungsgespräch gut gelaufen war, wurde die Position an eine jüngere Kraft mit geringerer Berufserfahrung vergeben. Entmutigt betete ich um Hilfe.

Ein paar Tage später, kurz vor dem letzten Arbeitstag meines Mannes, erhielt ich einen Anruf. »Hier spricht Betty Smith«, sagte eine Frau am anderen Ende der Leitung. »Ich bin eine Bekannte des Managers, bei dem Sie kürzlich ein Vorstellungsgespräch hatten. Bei der Stelle wird es bald eine Veränderung geben. Wenn Sie die Arbeit immer noch möchten, rufen Sie ihn am besten gleich an.«

»Sind Sie sicher?«, fragte ich zögernd. Wenn die mich das erste Mal schon nicht eingestellt hatten, warum sollten sie es jetzt tun? Aber sie redete mir so beharrlich und gut zu, dass ich tatsächlich anrief.

»Betty wer?«, fragte der Manager. Und verblüfft fügte er hinzu: »Ich bin der Einzige, der wusste, dass diese Stelle neu vergeben wird!« Doch trotz der seltsamen Art, wie wir wieder zusammengekommen waren, bat er mich zu einem zweiten Vorstellungsgespräch – und diesmal bekam ich den Job!

Eine Zeit lang versuchte ich, die Identität der geheimnisvollen Anruferin herauszubekommen. Aber keiner in der Firma hatte je etwas von einer Betty Smith gehört. Wer war sie also, und woher hatte sie gewusst, dass die Stelle wieder neu vergeben wurde? Jetzt, nach 20 Jahren in einer für mich wie maßgeschneiderten Position, kann ich nur annehmen, dass mir dieses wundersame Geschenk von einem Engel gesandt worden ist.

Und so war es sicher auch! Engel nehmen oftmals die Gestalt von hilfreichen Fremden an. Wie in Margaret-Ellens Geschichte überbringen sie uns ihre Botschaft bisweilen telefonisch – oder sie nehmen menschliche Gestalt an und bleiben gerade lang genug auf der Erde, um uns das zukommen zu lassen, was wir brauchen. Die meisten Menschen bemerken gar nie, dass sie mit einem himmlischen Boten Kontakt hatten, bis sie die fremde Person später ausfindig machen möchten.

Die Engel sagen: »Zögert nicht, uns zu rufen, wann immer ihr bei irgendetwas Hilfe braucht. Wir sind bei euch – nur ein Gebet, einen Gedanken, einen Wunsch entfernt. Es ist uns die höchste Freude, euch zu den Leuten zu führen und in die Situationen zu versetzen, die euch Frieden bringen.«

Wenn du ein neues Vorhaben beginnst, bitte die Engel, dir die Tür zu Glück und Erfolg zu öffnen.

Weihnachtsträume werden wahr

Obgleich die Engel immer bei uns sind, scheinen sie während der Weihnachtszeit besonders aufmerksam um unser Wohl besorgt zu sein – wie Dianne Byron Schneider aus Nassau, New York, uns in der folgenden Geschichte berichtet:

Ich wuchs in einer ländlichen Kleinstadt im Staat New York auf. Obgleich wir keinesfalls wohlhabend waren, ging es uns, verglichen mit anderen Familien in unserer Gegend, wirklich gut. Einmal bestellte meine Mutter an Weihnachten etliche Mützen und Fäustlinge als wärmendes Geschenk für einige arme Kinder in unserer Gemeinde. Die Rechnung belief sich auf 30 Dollar, was damals eine Menge Geld war, aber als die Schachtel mit den Mützen und Fäustlingen kam, herrschte bei uns zu Hause große Freude.

Ein paar Tage später traf allerdings noch ein zweites Paket ein, das genau die gleiche Ware enthielt. Mom rief bei dem Geschäft an, um auf den Fehler hinzuweisen. Doch der Angestellte konnte sich nicht erklären, warum die zweite Sendung verschickt worden war. Er sagte bloß: »Tja, also frohe Weihnachten!«, und hängte ein. Meine Mutter bekam nie eine Rechnung für die Ware. Und seitdem sind wir überzeugt, dass dieses zweite Paket von den Engeln gesandt worden war, die Mom helfen wollten, noch mehr Kinder an Weihnachten glücklich zu machen.

Diannes Mutter handelte in jener Weihnachtszeit als Engel auf Erden. Daher unterstützte sie der Himmel bei ihrem Tun, indem er für eine extragroße Sendung sorgte.

Die Engel lieben es, Kindern Wünsche und Gebete zu erfüllen, wie Veronica LaMere Rivera aus Pico Rivera in Kalifornien schreibt:

Es war ein Montagabend Ende Oktober, und mein zeitlich befristeter Arbeitsvertrag sollte Ende der Woche auslaufen.

»Mommy, können wir dieses Jahr an Weihnachten nach Kansas fahren?«, fragte mein fünfjähriger Sohn Martin. Ich vermisste meine Familie in Kansas schrecklich, aber bisher war ich nicht in der Lage gewesen, mir einen Besuch zu leisten. »Ich weiß nicht, ob das geht«, meinte ich ausweichend. »Am Freitag ist mein letzter Arbeitstag und ...«

Martin sah mich so traurig an, dass es mir im Herzen wehtat. Doch plötzlich hellte sich sein Blick auf. »Vielleicht können uns ja die Engel helfen«, sagte er und betete laut: »Engel, bitte helft meiner Mom, dass sie wieder einen Job bekommt!«

Schon am nächsten Morgen kam mein Chef zu mir und sagte: »Ihr Vertrag ist verlängert worden.« Ich war tief berührt und dankte den Engeln, denn ich wusste, dass Martins Bitte erhört worden war.

Am Abend sagte ich zu meinem Sohn: »Wir haben es deinem Gebet und der Antwort der Engel zu verdanken, dass wir dieses Weihnachtsfest nach Kansas fahren können!«

Der kleine Martin bewies den reinen Glauben eines Kindes, indem er voll Zuversicht die Lösung der Frage dem Himmel überließ. Er wusste instinktiv, dass die Engel uns nur helfen können, wenn wir darum bitten.

Die Engel sagen: »Wir warten auf euer Signal, dass ihr unser Eingreifen wünscht, dann machen wir uns unverzüglich an die Arbeit für euch. Uns sind keine Grenzen auferlegt, *wie* wir euch helfen können, daher lasst euch angenehm überraschen von den kreativen Lösungen, mit denen wir eure Gebete beantworten.«

Bitte die Engel, dir bei allen Anliegen rund um Weihnachten zu helfen, sei es bei Familienproblemen, Geschenkideen, Geldsorgen oder bezüglich deines seelischen Wohlbefindens.

Danksagung

Von Doreen Virtue: Ich danke allen Engeln im Himmel und auf Erden, die uns auf unserem Lebensweg helfen. Im Hinblick auf dieses Buch geht mein spezieller Dank an das gesamte Team von *Woman's World,* besonders an Stephanie Saible, Naomi Kenan, Amy Oscar und Dennis Cohen. Ich bin auch allen beim Verlag Hay House von Herzen dankbar.

Die großartigen Mitarbeiterinnen und Mitarbeiter von *Woman's World* und Hay House gehören gleichsam zu meiner Familie, und ich liebe euch alle!

Von Amy Oscar: Mein tief empfundener Dank gilt Stephanie Saible, Chefredakteurin von *Woman's World,* die sich sicher war, dass unsere Leserinnen und Leser diese wunderbare Kolumne lieben würden (was sich als richtig erwies); darüber hinaus danke ich herzlich meinen Redakteurinnen Naomi Kenan und Andrea Florczak, meinen geistigen Schwestern Taryn Phillips-Quinn und Jamie Kiffel, meiner Lehrerin Caroline Myss, die mich in mein Schloss einführte, und Doreen Virtue, die mir gezeigt hat, wie ein Leben im Licht aussieht.

Schließlich danke ich den Engeln dafür, dass sie diese wunderbare und bemerkenswerte Reise in allem begleitet und gestaltet haben.

Doreen Virtue, Ph. D., ist Metaphysikerin mit medialen und hellseherischen Fähigkeiten, promovierte Psychologin und arbeitet mit übernatürlichen Phänomenen wie der Heilung durch Engelskräfte, den Elementarwesen und Aufgestiegenen Meistern. Sie ist Autorin von zahlreichen Bestsellern, darunter *»Das Heilgeheimnis der Engel«, »Engel Notruf«, »Botschaft der Engel«, »Zahlen der Engel«, »Engel der Erde«, »Medizin der Engel«, »Engel-Hilfe für jeden Tag«, »Heilkraft der Engel«,* und Kartensets wie *»Das Engel-Orakel für jeden Tag«, »Das Heil-Orakel der Engel«, »Engel begleiten deinen Weg«* u.a. Sie gibt Workshops zu den Themen ihrer Bücher, hält Vorträge und leitet Engel-Meditationen. Kontakt und Newsletter: www.AngelTherapy.com

Amy Oscar ist Koautorin und Herausgeberin der »Schutzengel-Kolumne« für das amerikanische Magazin *Woman's World* sowie Verlegerin des amerikanischen Magazins *As If.* Seit 25 Jahren begleitet sie Menschen auf ihrem spirituellen Weg. Amy ist zertifizierte Therapeutin für Sacred Contracts, Spiritual Alchemy und Angel Therapy™. Sie beschäftigt sich mit Archetypen, Biografie- und Traumarbeit und promoviert über archetypische Psychologie. Kontakt für Lesungen oder spirituelle Beratung siehe www.asifmagazine.com oder E-Mail: oscaramyr@aol.com

Doreen Virtue
Orakel der Aufgestiegenen Meister

44 Karten mit Begleitbuch 120 Seiten
€ 17,95
ISBN 978-3-86728-036-5

Die Aufgestiegenen Meister sind mächtige Helfer. Mit diesen leicht anzuwendenden Orakelkarten können sich sowohl Neulinge als auch erfahrene Kartenleger von diesen großen Lehrern und Heilern helfen lassen, um die eigene Lebensaufgabe besser zu verstehen, die angemessene Herangehensweise für schwierige Situationen zu erkennen, bedeutende Veränderungen zu bewältigen oder sich spirituell und medial weiter zu entwickeln.
Auf den Karten sind die Aufgestiegenen Meister (wie zum Beispiel Saint-Germain, Ganesha, Pallas Athene oder Merlin) wunderschön gemalt und mit einer konkreten Botschaft versehen dargestellt. Das beiliegende Büchlein hilft, mehr über die einzelnen Meister zu erfahren und die Bedeutung der Botschaft der einzelnen Karten tiefer zu begreifen. Es gibt auch eine kleine Anleitung über den Umgang mit Orakelkarten für sich selbst und für andere.

Doreen Virtue
Engel begleiten deinen Weg
44 Karten mit Begleitbuch 72 Seiten
Schöne Engelbilder von alten Meistern
Karten mit Goldrand
€ 17,95
ISBN 978-3-936862-71-3

Engel begleiten unseren Weg, ob wir uns ihrer bewusst sind oder nicht. Dieses Kartenset ist ein für jeden ganz einfach zu praktizierender Weg, um herauszufinden, welcher Engel gerade an unserer Seite steht, uns seine Hilfe anbietet oder uns eine Botschaft zukommen lassen möchte. Auf jeder Karte steht unter einer wunderbaren Engeldarstellung eine kurze Botschaft, die im Begleitbuch näher erläutert wird.

Doreen Virtue

Wie oben, so unten

Die Sieben Gesetze des Lebens

gebunden, 128 Seiten
€ [D] 12,95
ISBN 978-3-86728-009-9

Die Sieben Hermetischen Gesetze – bearbeitet für das 21. Jahrhundert. Das Kybalion umfasst die Studien der hermetischen Philosophie des Alten Ägypten. Es gilt als geheimnisvolles und zugleich bedeutungsvolles Werk, das sich auf die Lehre des großen Weisen Hermes Trismegistos bezieht. Bisher wurde es nur einmalig 1908 schriftlich veröffentlicht, aber vielen ist die Sprache nicht mehr zugänglich. Um die sieben hermetischen Prinzipien bewahren zu können, hat Doreen Virtue dieses Wissen in eine Sprache übersetzt, die dem 21. Jahrhundert, aber auch der modernen Spiritualität entspricht.